目次

はじめに

「御絵伝」と『御伝鈔』の概略

「親鸞伝絵」の成立と流布 …… 4

「御絵伝」（四幅）の概要 …… 6

「御絵伝」（四幅・八幅）の比較 …… 8

本願寺聖人親鸞伝絵〈上〉

一、（第一段）出家学道 一 …… 10

二、出家学道 二 …… 12

三、（第二段）吉水入室 …… 14

四、（第三段）六角夢想 …… 16

五、（第四段）蓮位夢想 …… 20

六、（第五段）選択付属 …… 22

七、（第六段）信行両座 …… 26

八、（第七段）信心諍論 …… 30

九、（第八段）入西鑑察 …… 34

本願寺聖人親鸞伝絵〈下〉

十、（第一段）師資遷謫 一 …… 38

十一、師資遷謫 二 …… 40

十二、師資遷謫 三 …… 42

十三、師資遷謫 四 …… 44

十四、（第二段）稲田興法 …… 46

十五、（第三段）弁円済度 …… 48

十六、（第四段）箱根霊告 …… 50

十七、（第五段）熊野霊告 …… 54

十八、（第六段）洛陽遷化 一 …… 58

十九、洛陽遷化 二 …… 60

二十、（第七段）廟堂創立 …… 62

奥書 …… 64

附録

「御絵伝」関連人名解説 …… 66

「御絵伝」関連年表 …… 70

「御絵伝」関連地図 …… 74

「御絵伝」（八幅）の概要［本願寺蔵］ …… 75

み教えとともに

《一》生涯を決めた夢告 …… 19

《二》門弟によって伝えられた御影 …… 25

《三》おう盛な執筆活動 …… 33

《四》名号本尊―言葉となってはたらく仏さま …… 53

表紙・裏表紙は本願寺蔵「御絵伝」（八幅）、中扉（九頁・三七頁）は本願寺蔵「善信聖人絵」（琳阿本）

はじめに

本願寺をはじめ多くの寺院で報恩講や御正忌をお勤めする際には、親鸞聖人のご遺徳を讃仰して、御影堂余間や本堂余間に聖人のご生涯が描かれた「御絵伝」をお掛けし、『御伝鈔』を拝読いたします。

これまで多くの祖師方は、時代や人びとの関心に合わせて、さまざまな伝道方法を考案し実践されてきました。「御絵伝」や『御伝鈔』のもととなる「親鸞伝絵」も、そのなかの一つということができるでしょう。本願寺第三代宗主覚如上人は、親鸞聖人の三十三回忌に合わせて「親鸞伝絵」をご制作になりました。そこには、阿弥陀如来や親鸞聖人への「知恩報徳」の思いとともに、親鸞聖人のご生涯とご事蹟、そして聖人を慕う門弟がたの姿が活き活きと描かれています。

本書は、『御伝鈔』の拝読に際して、「御絵伝」を間近に見ていただき『御伝鈔』の内容を容易に理解していただくために、本願寺出版社において企画編集し、本願寺史料研究所委託研究員である岡村喜史先生の監修によって、出版の運びとなったものです。

報恩講や御正忌には本山や寺院にお参りし、御真影前や祖師前での『御伝鈔』の拝読を聴聞して、親鸞聖人のご生涯を偲ばせていただきましょう。

二〇一五年八月

本願寺出版社

「御絵伝」と『御伝鈔』の概略

―「親鸞伝絵」の成立と流布―

本願寺第三代宗主①覚如上人（一二七〇―一三五一）は、親鸞聖人の三十三回忌にあたる永仁二（一二九四）年に『報恩講私記』を著し、親鸞聖人のご事蹟を讃嘆して、聖人に深い謝意を示されました。そして、翌三年、御正忌をひかえた十月十二日に、親鸞聖人のご生涯とご事蹟をまとめた「親鸞伝絵」という絵巻物を制作されました。ただ、これはその後焼失してしまったため現存しませんが、同年十二月十三日に『善信聖人親鸞伝絵』（高田本）を制作されました。これは、本末二巻からなり、本巻は全六段、末巻は全七段という構成でした。その後、覚如上人は、さらに増補改訂を加えて数点の「親鸞伝絵」を制作され、康永二（一三四三）年には、本巻に二段を加えた全四巻の『本願寺聖人親鸞伝絵』（康永本）を制作されました。最初に「親鸞伝絵」を制作されてから康永本制作まで、実に四十八年の歳月を費やされていますので、覚如上人にとって親鸞聖人のご事蹟をまとめ上げることは、まさに生涯をかけた大事業だったことがわかります。

「親鸞伝絵」は、説明文の詞書と、それに対応する図絵を交互に横につなぎ合わせたものですが、その後絵巻物の詞書と図絵が分離されるようになり、詞書のみを抄出して冊子としたものが『御伝鈔』、図絵を掛け軸としたものが「御絵伝」と呼ばれるようになりました。

本願寺では、本願寺第七代宗主②存如上人のときには「御絵伝」が門末に授与され始め、次の第八代宗主③蓮如上人のときからさらに広く授与されるようになりました。以来、本願寺から授与される「御絵伝」は、康永二年に制作されたものを四幅の掛け軸にしたものが定形とされるようになりました。

もともと「親鸞伝絵」は、親鸞聖人の三十三回忌にあわせて制作が進められ、その内容は、親鸞聖人のご生涯とご事績を讃仰する目的で制作されたものです。ですから、聖人の御正忌報恩講には、「御絵伝」を安置し『御伝鈔』を拝読して、聖人のご苦労を偲ぶとともに、そのご恩に感謝するというかたちで、江戸時代には広く各寺院で用いられるようになっていきました。

本書では、寛正（かんしょう）五（一四六四）年の蓮如上人の裏書がある浄土真宗本願寺派赤野井別院（滋賀県守山市）所蔵の「御絵伝」をもとにし、『御伝鈔』は、江戸時代に刊行された本願寺蔵版本を底本とした『浄土真宗聖典（註釈版）第二版』所収のものを用いました。

『浄土真宗聖典（註釈版）第二版』所収の『御伝鈔』は、④慶証寺（きょうしょうじ）玄智（げんち）が天明五（一七八五）年に古本を整理して新しく版刻されたものを底本として、『浄土真宗聖典（原典版）』に編纂されたものをもとに、新漢字と平仮名に改めたものです。

なお、本書七六頁から七九頁には、本願寺所蔵で御正忌報恩講の際、御影堂に掛けられる「御絵伝」を掲載しました。この「御絵伝」は、寛文元（一六六一）年の「親鸞聖人四百回忌」にあたり、本願寺絵所（えどころ）の絵師・⑤徳力善雪（とくりきぜんせつ）によって描かれたもので、四幅の「御絵伝」をもとにしながら、御堂の大きさに合わせた八幅のたいへん立派なものとなっています。

―「御絵伝」(四幅)の概要―

御伝鈔 上巻

第二幅

9 第四図 **入西鑑察** 第八段
― 五条西洞院・定禅夢想 ―

8 第三図 **信心諍論** 第七段
― 吉水・信心一異諍論 ―

7 第二図 **信行両座** 第六段
― 吉水・信行両座分判 ―

6 第一図 **選択付属** 第五段
― 吉水・『選択集』の付属と
法然聖人真影の図画 ―

第一幅

5 第五図 **蓮位夢想** 第四段
― 蓮位房・夢想感得 ―

4 第四図 **六角夢想** 第三段
― 京都六角堂(頂法寺)・夢想 ―

3 第三図 **吉水入室** 第二段
― 吉水・法然門下入門 ―

2 第二図 **出家学道** ㈡
― 慈円僧都の住坊・お得度 ―

1 第一図 **出家学道** ㈠ 第一段
― 慈円僧都の住坊・中門内外 ―

御伝鈔 下巻

第四幅

第七段

20 第五図 廟堂創立
— 東山・大谷廟堂 —

第六段

19 第四図 洛陽遷化 二
— 延仁寺・荼毘 —

18 第三図 洛陽遷化 一
— 善法坊(角坊)・ご往生 —

第五段

17 第二図 熊野霊告
— 熊野権現・平太郎夢告 —

第四段

16 第一図 箱根霊告
— 箱根権現・神官歓待 —

第三幅

第三段

15 第六図 弁円済度
— 稲田の草庵・弁円帰依 —

第二段

14 第五図 稲田興法
— 稲田の草庵・ご教化 —

第一段

13 第四図 師資遷謫 四
— 親鸞聖人配流 —

12 第三図 師資遷謫 三
— 吉水・法然聖人配流 —

11 第二図 師資遷謫 二
— 御所清涼殿・公卿罪科僉議 —

10 第一図 師資遷謫 一
— 専修念仏停止 —

「御絵伝」（四幅・八幅）の比較

幅	八　幅（本願寺蔵）	幅	四　幅（赤野井別院蔵）
一	（第一段）出家学道①	一	（第一段）出家学道①
	出家学道②		出家学道②
	（第二段）吉水入室		（第二段）吉水入室
二	（第三段）六角夢想①		（第三段）六角夢想
	六角夢想②		
	（第四段）蓮位夢想		（第四段）蓮位夢想
三	（第五段）選択付属①	二	（第五段）選択付属
	選択付属②		
	（第六段）信行両座		（第六段）信行両座
四	（第七段）信心諍論		（第七段）信心諍論
	場　面　転　換		
	（第八段）入西鑑察		（第八段）入西鑑察
五	（第一段）師資遷謫①	三	（第一段）師資遷謫①
	師資遷謫②		師資遷謫②
	師資遷謫③		師資遷謫③
六	師資遷謫④		師資遷謫④
	（第二段）稲田興法		（第二段）稲田興法
	（第三段）弁円済度		（第三段）弁円済度
七	（第四段）箱根霊告	四	（第四段）箱根霊告
	（第五段）熊野霊告①		（第五段）熊野霊告
	熊野霊告②		
八	（第六段）洛陽遷化①		（第六段）洛陽遷化①
	洛陽遷化②		洛陽遷化②
	（第七段）廟堂創立		（第七段）廟堂創立

本願寺聖人親鸞伝絵〈上〉

上巻・第一段

1 第一幅第一図

出家学道

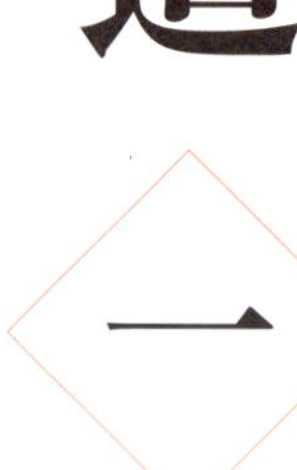

―慈円僧都の住坊・中門内外―

平安時代の末期、平氏や源氏が実権を争う乱世に、親鸞聖人は京都にお生まれになりました。

【要旨】

親鸞聖人の出家前の俗姓は藤原氏で、⑥藤原鎌足（鎌子）の流れを汲む日野家となり、父君は⑦有範と申されます。

もし、朝廷にお仕えすることがあれば高位高官が約束されていたにもかかわらず、仏法宣布のご因縁により、出家なされました。

【原文】

それ聖人（親鸞）の俗姓は藤原氏、天児屋根尊二十一世の苗裔、大織冠　鎌子内大臣　の玄孫、近衛大将右大臣　贈左大臣従一位内麿公　後長岡大臣と号し、あるいは閑院大臣と号す。贈正一位太政大臣房前公孫、大納言式部卿真楯息なり　六代の後胤、弼宰相有国卿五代の孫、皇太后宮大進有範の子なり。

しかあれば朝廷に仕へて霜雪をも戴き、射山にわしりて栄華をもひらくべかりし人なれども、興法の因うちにきざし、利生の縁ほかに催ししによりて、

親鸞聖人入室後、中門を中心に、一門外には牛車や馬の世話をする供人が、二門内には近習や供人の様子が描かれている。

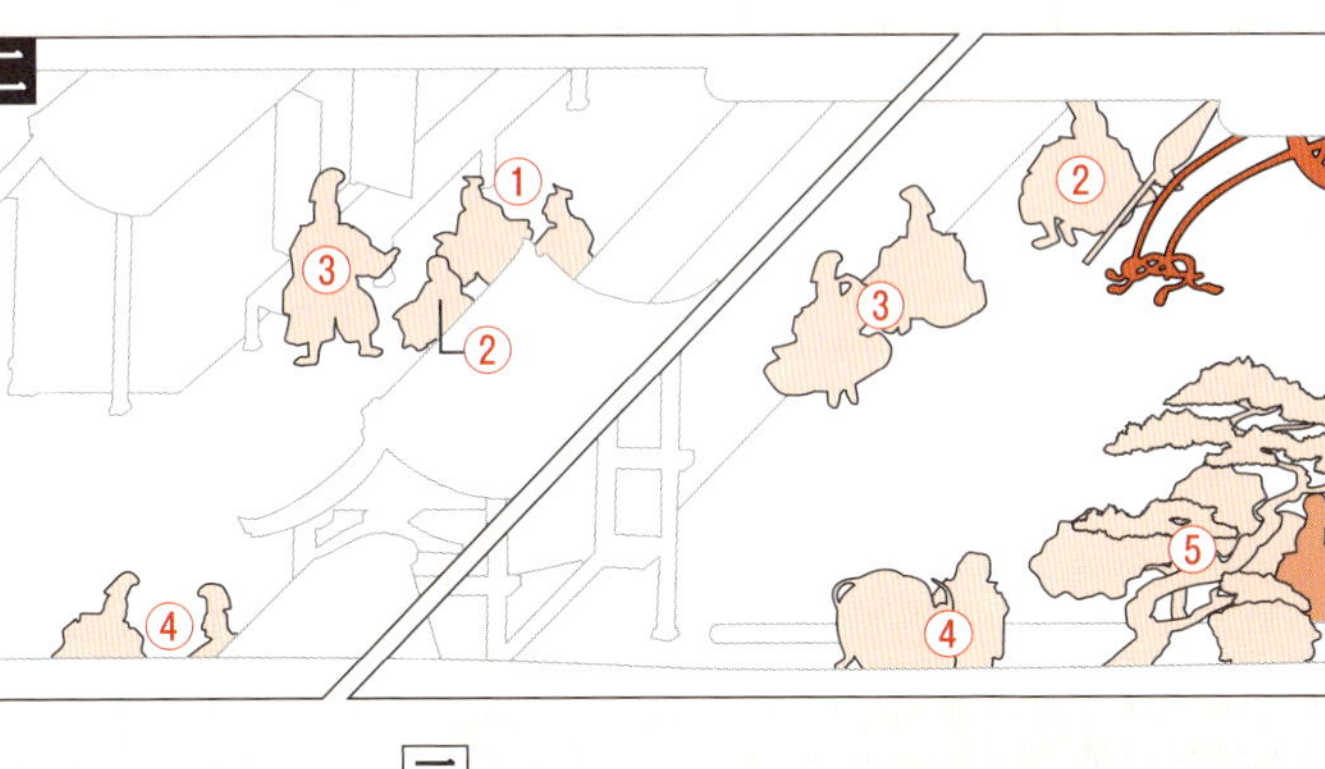

一 [8]慈円僧都の住坊（白川坊）を牛車に乗り訪ねられた図

① 親鸞聖人ご乗車の牛車
② 警備や雑用を行う舎人
③ 供人
④ 牛車を曳いた牛と牛飼童
⑤ 牛繋ぎの松と（無常を表す、あるいは出家を祝福する春の）桜
⑥ [9]日野範綱卿乗馬の馬と従者

二 親鸞聖人が客殿に入られた後の供人の様子

① 範綱卿の家来
② 稚児
③ 慈円僧都の家人
④ 親鸞聖人近習

上巻・第一段

2 第一幅第二図

出家学道

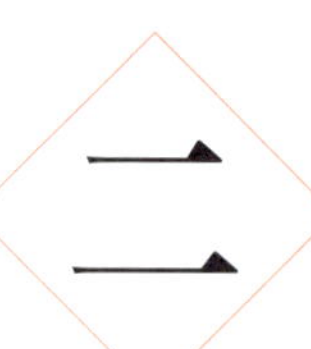

―慈円僧都の住坊・お得度―

九歳の春、京都東山にある慈円僧都の住坊で慈円僧都を戒師として出家得度され、比叡山で学問修行に励まれました。

【要旨】

養和元（一一八一）年、親鸞聖人九歳の春、伯父・日野範綱卿に伴われて、慈円僧都の住坊（白川坊、現在の青蓮院の場所）で得度を受け、範宴と名のられました。その後、比叡山で天台宗の奥義を究め、横川で⑩源信和尚の浄土教を学ばれました。

【原文】

九歳の春のころ、阿伯従三位範綱卿　時に従四位上 前若狭守、後白河上皇の近臣なり、上人（親鸞）の養父　前大僧正　慈円慈鎮和尚これなり、法性寺殿御息、月輪殿長兄　の貴坊へあひ具したてまつりて、鬢髪を剃除したまひき。範宴少納言公と号す。それよりこのかた、しばしば南岳・天台の玄風を訪ひて、ひろく三観仏乗の理を達し、とこしなへに楞厳横川の余流を

湛へて、ふかく四教円融の義にあきらかなり。

一 慈円僧都との面談の後、二 得度に臨まれるお姿が描かれている。

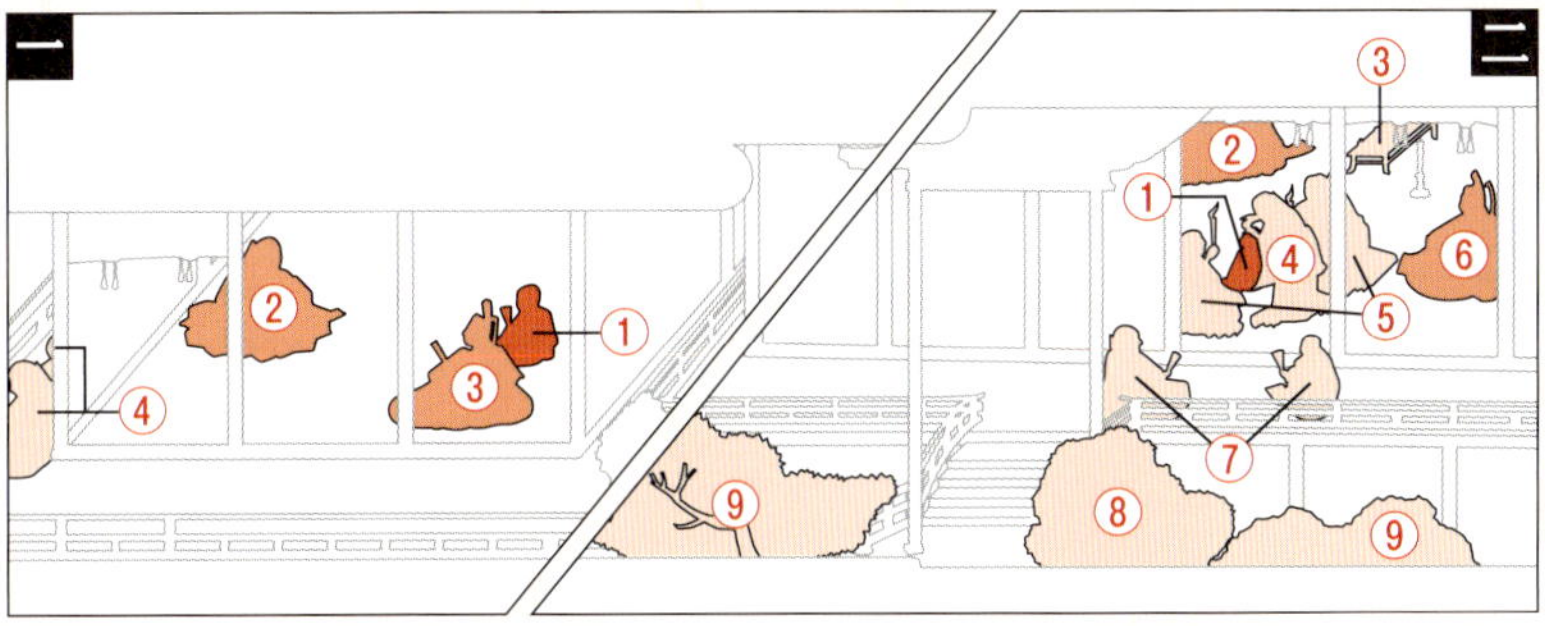

二 得度を受けられる仏殿の図

① 剃髪を受けられる親鸞聖人（範宴）
② 慈円僧都
③ 机
④ 剃髪を行う僧
⑤ 蝋燭を掲げる侍僧
⑥ 日野範綱卿
⑦ 稚児と慈円僧都のお弟子
⑧ 柘植
⑨ 桜

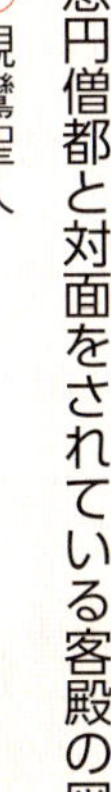

一 慈円僧都と対面をされている客殿の図

① 親鸞聖人
② 慈円僧都
③ 日野範綱卿
④ 稚児と慈円僧都のお弟子

3 第一幅第三図

吉水入室

―吉水・法然門下入門―

上巻・第二段

比叡山を下りられた親鸞聖人は、京都東山・吉水の禅坊を訪ねられ、法然聖人[11]より念仏による浄土往生の教えを聞かれ、専修念仏に帰依されました。

【要旨】

建仁元（一二〇一）年、二十九歳の春、親鸞聖人は、易行である浄土門を学ぶため、吉水の禅坊に法然（源空）聖人を訪ねられました。

法然聖人が浄土真宗の根本である第十八願（本願他力）の教えを懇切丁寧にお説きになられたところ、親鸞聖人はたちどころにその深意を領解され信心決定されました。

【原文】

建仁第一の暦春のころ　上人（親鸞）二十九歳　隠遁のこころざしにひかれて、源空聖人の吉水の禅房にたづねまゐりたまひき。これすなはち世くだり、人つたなくして、難行の小路迷ひやすきによりて、易行の大道におもむかんとなり。真宗紹隆の大祖聖人（源空）、ことに宗の淵源を尽し、

教の理致をきはめて、これをのべたまふに、たちどころに他力摂生の旨趣を受得し、あくまで凡夫直入の真心を決定しましましけり。

一 禅坊の門を入り、二 法然聖人と対面される様子が描かれている。

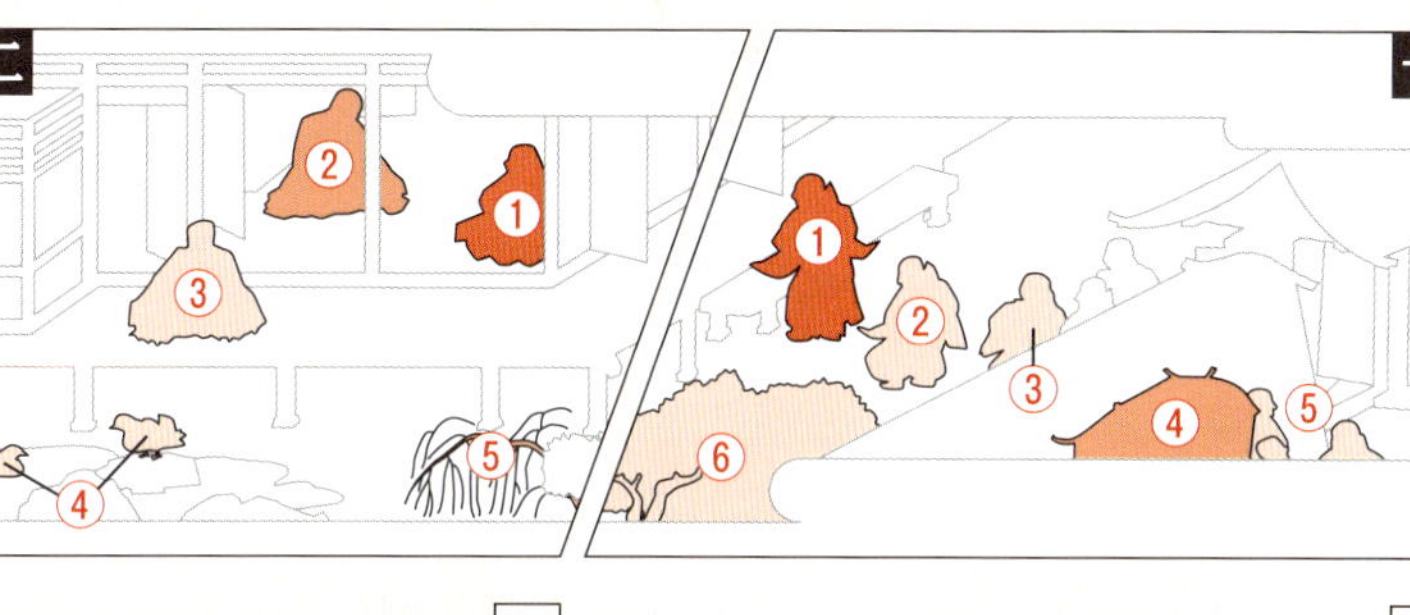

一 法然聖人のもとを訪ねられる図

① 素絹白袈裟の親鸞聖人（範宴）
② 供奉の僧
③ 稚児
④ 輿
⑤ お見送りの僧
⑥ 桜

二 法然聖人との対面の図

① 親鸞聖人
② 墨衣墨袈裟の法然聖人
③ 法然聖人の侍僧、一説には⑫勢観房源智とも⑬善恵房証空ともいわれる
④ （余寒、あるいは師弟関係を暗示する）鴛鴦
⑤ （春を表す）柳

4 第一幅第四図

六角夢想

―京都六角堂（頂法寺）・夢想―

上巻・第三段

京都にある頂法寺六角堂に参籠された親鸞聖人は、聖僧の姿をした救世観音より夢告を感得されました。

【要旨】

建仁三（一二〇三）年、三十一歳のとき［一説には、建仁元（一二〇一）年、二十九歳の、法然聖人のもとを訪れられる前］、四月五日の明け方、親鸞聖人に夢のお告げがありました。それは、六角堂の救世観音から「行者は、宿報にてたとい女犯するとも、われ玉女の身となりて犯されん。一生のあいだよく荘厳したならば、臨終には引導して極楽に生ぜしめん」というものでした。さらに、この内容を一切の衆生に告げるようにとの救世観音の指示により、東方の群衆にその旨を説き聞かせになっている夢でした。

後に、親鸞聖人は次のように仰いました。「日本で仏教を積極的に受け入れた聖徳太子[14]は観音菩薩の化身であり、法然聖人が勢至菩薩の化身ですから、私はこの二菩薩のお導きによって阿弥陀如来の本願を弘めます。そのため浄土真宗が興隆し、お念仏が盛んになるのです」。

図解

一 夢告をいただかれる姿と、二 東方の群衆に説き聞かせている様子が描かれている。

二 御堂の縁に立ち東方の群衆に向かって説法されている親鸞聖人の図

① 親鸞聖人
② 比叡山雲母坂（きららざか）登り口にある赤山権現（せきざんごんげん）
③ 親鸞聖人の説法を聞く人びと

一 聖僧姿の救世観音に合掌される親鸞聖人の図

① 白蓮華に座す白衲（びゃくのう）の聖僧（救世観音）
② 親鸞聖人
③ 通夜の僧侶二人と武士（一説には中央の僧侶は夢告中の親鸞聖人）

【原　文】

建仁三年　癸亥　四月五日の夜寅時、上人（親鸞）夢想の告げましましき。かの『記』にいはく、六角堂の救世菩薩、顔容端厳の聖僧の形を示現して、白衲の袈裟を着服せしめ、広大の白蓮華に端坐して、善信（親鸞）に告命してのたまはく、「行者宿報設女犯　我成玉女身被犯　一生之間能荘厳　臨終引導生極楽」といへり。救世菩薩、善信にのたまはく、「これはこれ、わが誓願なり。善信この誓願の旨趣を宣説して、一切群生にきかしむべし」と云々。そのとき善信夢のうちにありながら、御堂の正面にして東方をみれば、峨々たる岳山あり。その高山に数千万億の有情群集せりとみゆ。そのとき告命のごとく、この文のこころを、かの山にあつまれる有情に対して説ききかしめをはるとおぼえて、夢さめをはりぬと云々。つらつらこの記録を披きてかの夢想を案ずるに、ひとへに真宗繁昌の奇瑞、念仏弘興の表示なり。しかあれば聖人（親鸞）、後の時仰せられてのたまはく、「仏教むかし西天（印度）よりおこりて、経論いま東土（日本）に伝はる。これひとへに上宮太子（聖徳太子）の広徳、山よりもたかく海よりもふかし。わが朝欽明天皇の御宇に、これをわたされしによりて、すなはち浄土の正依経論等この時に来至す。儲君（聖徳太子）もし厚恩を施したまはずは、凡愚いかでか弘誓にあふことを得ん。救世菩薩はすなはち儲君の本地なれば、垂迹興法の願をあらはさんがために本地の尊容をしめすところなり。そもそも、また大師聖人　源空　もし流刑に処せられたまはずは、われまた配所におもむかんや。もしわれ配所におもむかずんば、なにによりてか辺鄙の群類を化せん。これなほ師教の恩致なり。大師聖人すなはち勢至の化身、太子また観音の垂迹なり。このゆゑにわれ二菩薩の引導に順じて、如来の本願をひろむるにあり。真宗これによりて興じ、念仏これによりてさかんなり。これしかしながら、聖者の教誨によりて、さらに愚昧の今案をかまへず、かの二大士の重願、ただ一仏名を専念するにたれり。今の行者、錯りて脇士に事ふることなかれ、ただちに本仏（阿弥陀仏）を仰ぐべし」と云々。かるがゆゑに上人親鸞、傍らに皇太子（聖徳太子）を崇めたまふ。けだしこれ仏法弘通のおほいなる恩を謝せんがためなり。

み教えとともに《一》

生涯を決めた夢告

「六角夢想」のなかに記されている「かの『記』」（本書一八頁）については、真宗高田派専修寺に所蔵されている『親鸞夢記』と考えることができます。この『夢記』は、親鸞聖人のご真筆による『夢記』を弟子であった⑮真仏が書写されたものとされます。

また、親鸞聖人の妻であった⑯恵信尼さまのお手紙の『恵信尼消息』第一通には、現存してはいませんが、この「六角堂の夢告」の文が添えられていました。

日本には、古代からお堂や洞窟、山などに籠り、夢告をたまわるという伝統がありました。聖徳太子が建てられた法隆寺の夢殿もそのための建物であり、頂法寺の六角堂も同じ聖徳太子の建立とされ、親鸞聖人がその本尊である救世観音から夢告を受けられたということは、これらの伝統に従われたものということがわかります。

人は、これまでの人生と決別し新たな人生を歩もうとするとき、心の整理を行い、これから進もうとする道が本当に自らの心身をもって人生を賭けて歩むべきものかどうかを確かめるために、立ち止まらざるを得ない場面を迎えるときがあります。ほの暗いお堂に籠り夢告をたまわるというと何か特別な出来事や行為のように思われがちですが、人間の成長過程のなかでそれはとても自然な出来事であるともいうことができます。

歴史的に見ていきますと、科学的に解明された現代とは異なる中世社会にあって、夢とは人の意識によって左右できないものとして認識されていました。このため、夢の世界は現実世界に比べてより純粋なことと信じられる傾向にありました。このようなところから、比叡山を下りられた直後の親鸞聖人も、当時一般的に行われていた夢のお告げを期待して、六角堂に参籠されたのでしょう。

『親鸞夢記』や『恵信尼消息』からは、青年期の親鸞聖人の心の成長と、親鸞聖人が何に苦悩され、どうして法然聖人のもとを訪ねられたのか、その軌跡を推察することができるのです。

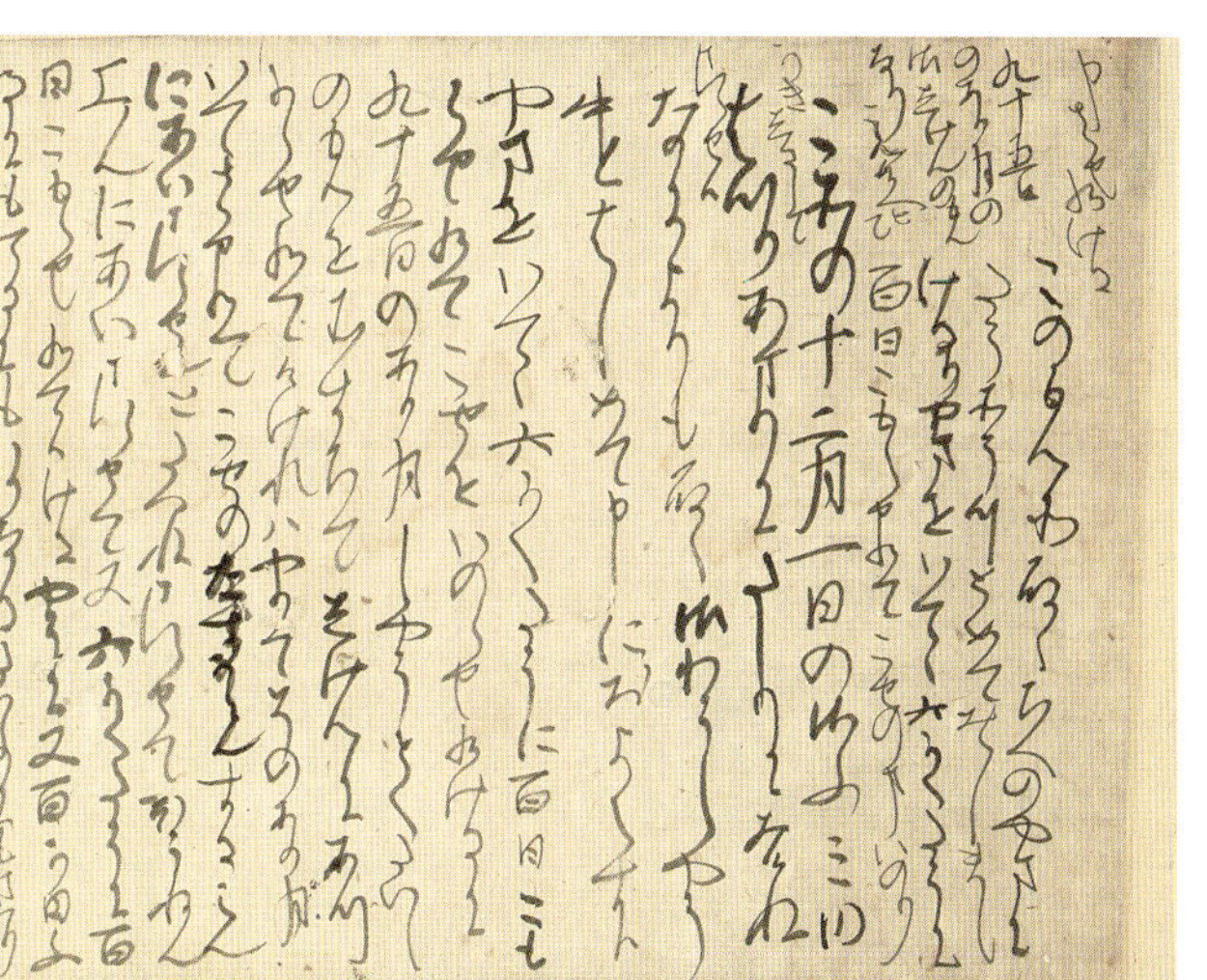

『恵信尼消息』第一通　（本願寺蔵）

5 第一幅第五図

上巻・第四段

蓮位夢想

―蓮位房・夢想感得―

晩年、お弟子である⑰蓮位房は、聖徳太子が親鸞聖人を礼拝されている夢告を感得されました。

【要旨】

建長八（一二五六）年、親鸞聖人八十四歳のとき、門弟の蓮位房は、聖徳太子が親鸞聖人を礼拝しながら「私は阿弥陀如来をうやまい拝します。親鸞聖人がこの世にお出ましになったのは、尊い仏教の教えを伝え、多くの人びとに無上の覚りを得させるためです」と仰っている夢告を感得されました。

この夢告によると、親鸞聖人が阿弥陀如来の化身であられることは明らかです。

【原文】

建長八年　丙辰　二月九日の夜寅時、釈蓮位夢想の告げにいはく、聖徳太子、親鸞上人を礼したてまつりてのたまはく、「敬礼大慈阿弥陀仏　為妙教流通来生者　五濁悪時悪世界中　決定即得無上覚也」。しかれば、祖師上人（親鸞）は、弥陀如来の化身にてましますといふことあきらかなり。

図解

聖徳太子が親鸞聖人を拝まれている、蓮位房の夢告の内容が描かれている。

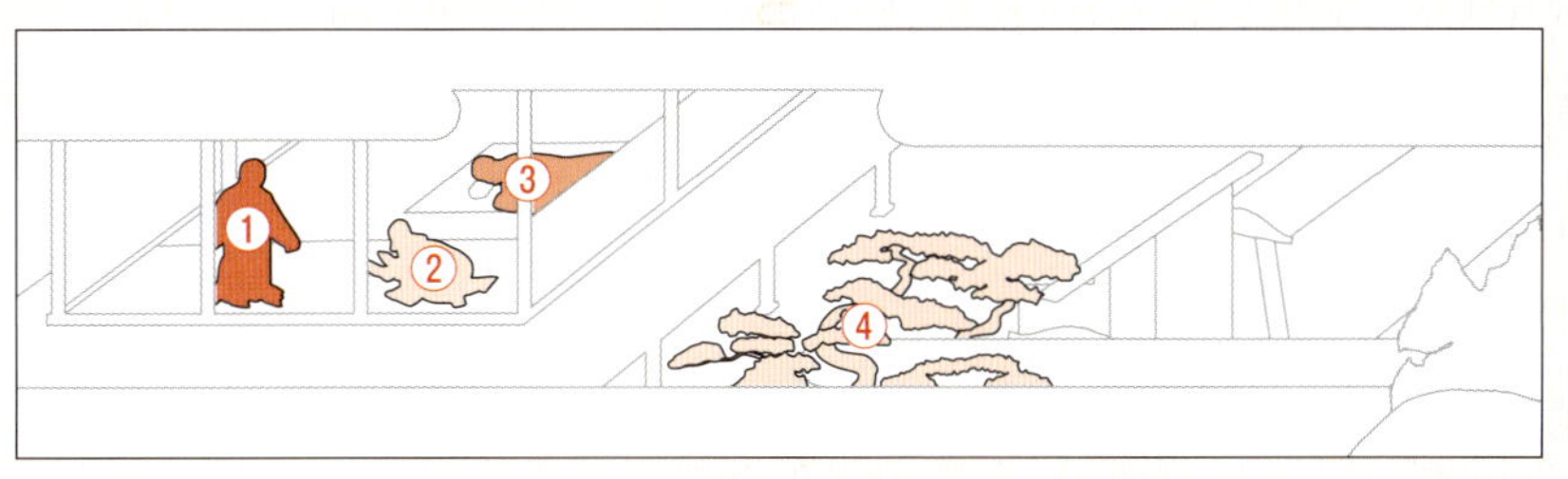

蓮位房夢想の図

①墨衣墨袈裟姿で立たれている親鸞聖人

②皇太子が儀式の際に着用する黄丹袍（おうにのほう）姿の聖徳太子

③側臥（そくが）する蓮位房

④松

6 第二幅第一図

選択付属

― 吉水・『選択集』の付属と法然聖人真影の図画 ―

浄土教の深意をいただかれた親鸞聖人は、その証しとして、法然聖人より『選択本願念仏集』（『選択集』）の書写と法然聖人の真影の図画を許されました。

【要旨】

元久二（一二〇五）年、親鸞聖人三十三歳のとき、法然聖人から『選択集』の書写を許され、その写本に内題と標宗の文、それに「釈綽空」という名を書いてもらわれました。

さらに、法然聖人の真影を図画することを許され、それに「南無阿弥陀仏」と『往生礼讃』の文を書き添えていただかれました。また、夢告によって改めた新たな名前も書いてもらわれました。これは、法然聖人が七十三歳のときの出来事です。

『選択集』は、[18]九条兼実の請いによって撰述され浄土真宗の真髄が書かれたものですが、その書写や法然聖人の真影の図画を許されたお弟子はたいへん少なく、親鸞聖人はそ

のお喜びの気持ちを『顕浄土真実教行証文類』（『教行信証』）化身土文類に記されました。

一『選択集』の伝授と、二讃銘の揮毫が描かれている。

一『選択集』を法然聖人から伝授されている図

①親鸞聖人（善信房綽空）
②『選択集』を渡される法然聖人
③お弟子の僧侶
④給仕を行う僧侶
⑤柳

二法然聖人が真影に讃銘を書かれ、親鸞聖人がいただかれている図

①親鸞聖人
②讃銘を書かれる法然聖人
③給仕を行う僧侶
④稚児
⑤撫子

【原　文】

黒谷の先徳　源空　在世のむかし、矜哀のあまり、ある時は恩許を蒙りて製作を見写し、ある時は真筆を下して名字を書きたまはす。すなはち「顕浄土方便化身土文類」の六にのたまはく、親鸞上人撰述「しかるに愚禿釈鸞、建仁辛酉の暦、雑行を棄てて本願に帰し、元久乙丑の歳、恩恕を蒙りて『選択』（選択集）を書く。おなじき年初夏中旬第四日、〈選択本願念仏集〉の内題の字、ならびに〈南無阿弥陀仏　往生之業　念仏為本〉と〈釈綽空〉と、空（源空）の真筆をもつてこれを書かしめたまひ、おなじき日、空の真影申し預かり、図画したてまつる。おなじき二年閏七月下旬第九日、真影の銘は、真筆をもつて〈南無阿弥陀仏〉と〈若我成仏　十方衆生　称我名号　下至十声　若不生者　不取正覚　彼仏今現在成仏　当知本誓重願不虚　衆生称念必得往生〉（礼讃 七一一）の真文とを書かしめたまひ、また夢の告げによりて、綽空の字を改めて、おなじき日、御筆をもつて名の字を書かしめたまひをはりぬ。本師聖人（源空）今年七旬三の御歳なり。『選択本願念仏集』は、禅定博陸　月輪殿兼実、法名円照　の教命によりて選集せしめたまふところなり。真宗の簡要、念仏の奥義、これに摂在せり。見るもの諭りやすし。まことにこれ希有最勝の華文、無上甚深の宝典なり。年を渉り日を渉り、その教誨を蒙るの人、千万なりといへども、親といひ疎といひ、この見写を獲るの徒、はなはだもつてかたし。しかるにすでに製作を書写し、真影を図画す。これ専念正業の徳なり、これ決定往生の徴なり。よつて悲喜の涙を抑へて由来の縁を註す」と云々。

み教えとともに《二》

門弟によって伝えられた御影

現存している親鸞聖人の有名な御影には、「鏡御影」「安城御影」「熊皮御影」の三点があります。

本願寺所蔵の「鏡御影」は専阿弥陀仏の筆といわれ、親鸞聖人の面貌が鏡に映したかのように繊細に描かれていることから、このように呼ばれています。過去には、この「鏡御影」が「入西鑑察」（本書三四頁）に出てくる御影ではないかと推定されたこともありましたが、現在ではこの説は否定されています。

ほかに、「安城御影」は、親鸞聖人八十三歳（建長七年・一二五五）のときのお姿で、専信房が『教行信証』を書写されたおりに、あわせて法眼朝円によって描かれたものではないかと推測されています。もとは三河安城に伝来していたところから、このように呼ばれていますが、蓮如上人によって制作された模本（副本）とともに、現在は本願寺に所蔵されています。

首には帽子を巻き狸皮の敷物の上に座られている親鸞聖人の手前には、晩年の日常が偲ばれる火桶や草履・鹿杖が描かれ、親鸞聖人の伝道活動や門弟との交流がどのようなものであったかなどその素顔の一面が想像できる、たいへん親しみを感じる御影になっています。

また、「熊皮御影」は南北朝時代の作で、「善信聖人絵」（琳阿本）と同じく[19]康楽寺浄賀の筆による追慕像といわれていますが、親鸞聖人が熊皮の敷物の上に座られていることからこのように呼ばれており、現在、奈良国立博物館の所蔵となっています。

鏡御影　（本願寺蔵）

安城御影（副本）　（本願寺蔵）

7 第二幅第二図

信行両座（しんぎょうりょうざ）

―吉水・信行両座分判（ぶんぱん）―

親鸞聖人の提言によって信不退（しんふたい）と行不退（ぎょうふたい）の二つの座が分けられ、多くのお弟子が迷っているなか、親鸞聖人や法然聖人がたは、信不退を選ばれました。

【要旨】

法然聖人が弘められた弥陀本願の教えには、多くの人が帰依してきましたが、法然聖人の教えをしっかりと守ろうとするものは稀でした。

あるとき親鸞聖人は、「お弟子がたが集まられたときに、本当に浄土往生できる正しい信心をいただかれているか聞いてみたいのです」と、法然聖人に提言されました。そこで法然聖人は、「よろしいでしょう。明日、人びとが集まったとき申し出てみてください」と仰いました。

翌日、親鸞聖人は、集まったお弟子がたに、「弥陀の本願を信じる一念で浄土往生が決定（けつじょう）するとする『信不退』か、お念仏の行を励む功徳によって浄土往生が決定するとする『行不退』かのいずれかの

座に分かれて座ってください」と仰いましたところ、ほとんどの門弟のかたはいずれとも決めかね戸惑っていました。そこで、⑳聖覚法

図解

門を境に、一「信行両座」分判を提言される姿と、二両座分判の様子が描かれている。

一 親鸞聖人が「信行両座」分判を法然聖人に提言されている図

①提言をされる親鸞聖人
②法然聖人
③お弟子の僧侶がた

二 両座分判の図

①筆を持って記帳される親鸞聖人
②法然聖人
③聖覚法印
④法蓮房信空
⑤遅参したことを謝る法力房蓮生（熊谷直実）
⑥法力房の持ち物である編笠と鹿杖。下駄は脱ぎ散らかされている
⑦三百人あまりのお弟子がた
⑧松と藤

印と㉑法蓮房信空が信不退の座に着きました。そこへ遅参した㉒法力房蓮生（熊谷直実）が信不退の座に着き、親鸞聖人も自身の名を信不退のところに書かれました。しばらくして法然聖人も信不退に加わられましたので、多くの門弟がたは、信不退の座に着いた方がたに尊敬の念をいだいたり、後悔の様子をあらわしました。

【原文】

おほよそ源空聖人在生のいにしへ、他力往生の旨をひろめたまひしに、世あまねくこれに挙り、人ことごとくこれに帰しき。紫禁・青宮の政を重くする砌にも、まづ黄金樹林の蕚にこころをかけ、三槐・九棘の道をただしくする家にも、ただちに四十八願の月をもてあそぶ。しかのみならず戎狄の輩、黎民の類、これを仰ぎ、これを貴びずといふことなし。貴賤、轅をめぐらし、門前、市をなす。常随昵近の緇徒その数あり、すべて三百八十余人と云々。しかりといへども、親りその化をうけ、ねんごろにその誨をまもる族、はなはだまれなり。わづかに五六輩にだにもたらず。善信聖人（親鸞）、ある時申したまはく、「予、難行道を閣きて易行道にうつり、聖道門を遁れて浄土門に入りしよりこのかた、芳命をかうぶるにあらずよりは、あに出離解脱の良因を蓄へんや。よろこびのなかのよろこび、なにごとかこれにしかん。しかるに同室の好を結びて、ともに一師の誨を仰ぐ輩、これおほしといへども、真実に報土得生の信心を成じたらんこと、自他おなじくしりがたし。かるがゆゑに、かつは当来の親友たるほどをもしり、かつは浮生の思出ともしはんべらんがために、御弟子参集の砌にして、出言つかうまつりて、面々の意趣をも試みんとおもふ所望あり」と云々。大師聖人（源空）のたまはく、「この条もつとももしかるべし、すなはち明日人々来臨のとき仰せられ出すべし」と。しかるに翌日集会のところに、上人　親鸞　のたまはく、「今日は信不退・行不退の御座を両方にわかたるべきなり。いづれの座につきたまふべしとも、おのおの示したまへ」と。その時三百余人の門侶みなその意を得ざる気あり。ときに法印大和尚位聖覚、ならびに釈信空上人法蓮、「信不退の御座に着くべし」と云々。つぎに沙弥法力　熊谷直実入道　遅参して申していはく、「善信御房の御執筆なにごとぞや」と。善信上人のたまはく、「信不退・行不退の座をわけらるるなり」と。法力房申していはく、「しからば法力もるべからず、信不退の座にまゐるべし」と云々。よつてこれを書き載せたまふ。ここに数百人の門徒群居すといへども、さらに一言をのぶる人なし。これおそらくは自力の迷心に拘はりて、金剛の真信に昏きがいたすところか。人みな無音のあひだ、執筆上人　親鸞　自名を載せたまふ。ややしばらくありて大師聖人（源空）仰せられてのたまはく、「源空も信不退の座につらなりはんべるべし」と。そのとき門葉、あるいは屈敬の気をあらはし、あるいは鬱悔の色をふくめり。

信行両座　（本願寺蔵・八幅の御絵伝より）

「信行両座」に参加したお弟子がたが細かく描かれ、緊迫した堂内の様子が伝わってくる。

8 第二幅第三図

信心諍論

―吉水・信心一異諍論―

上巻・第七段

親鸞聖人は、「法然聖人の信心と私の信心とはひとつです」と他のお弟子がたに仰ったことがありました。

【要旨】

ある時、親鸞聖人が「法然聖人の信心と善信（親鸞）の信心は変わるところはなく、ただひとつです」と他のお弟子がたに申しあげたところ、とがめられて、どうしてそのように言われるのかと問い返されました。そこで、親鸞聖人は「他力の信心においては、智恵が深い浅いといった私情がはさまることはまったくないからです」と、答えられました。

この問答を聞かれて、法然聖人も「信心が違うというならば、それは自力の信について言うことです。法然の信心も善信房の信心も阿弥陀さまからたまわったものですから、ただひとつです。もし違うという人がいるならば、その人は私が参る浄土には共に行かせてもらうことはできますまい」と、お諭しになられました。

図解

法然聖人を前に、論争するお弟子がたの様子が描かれている。

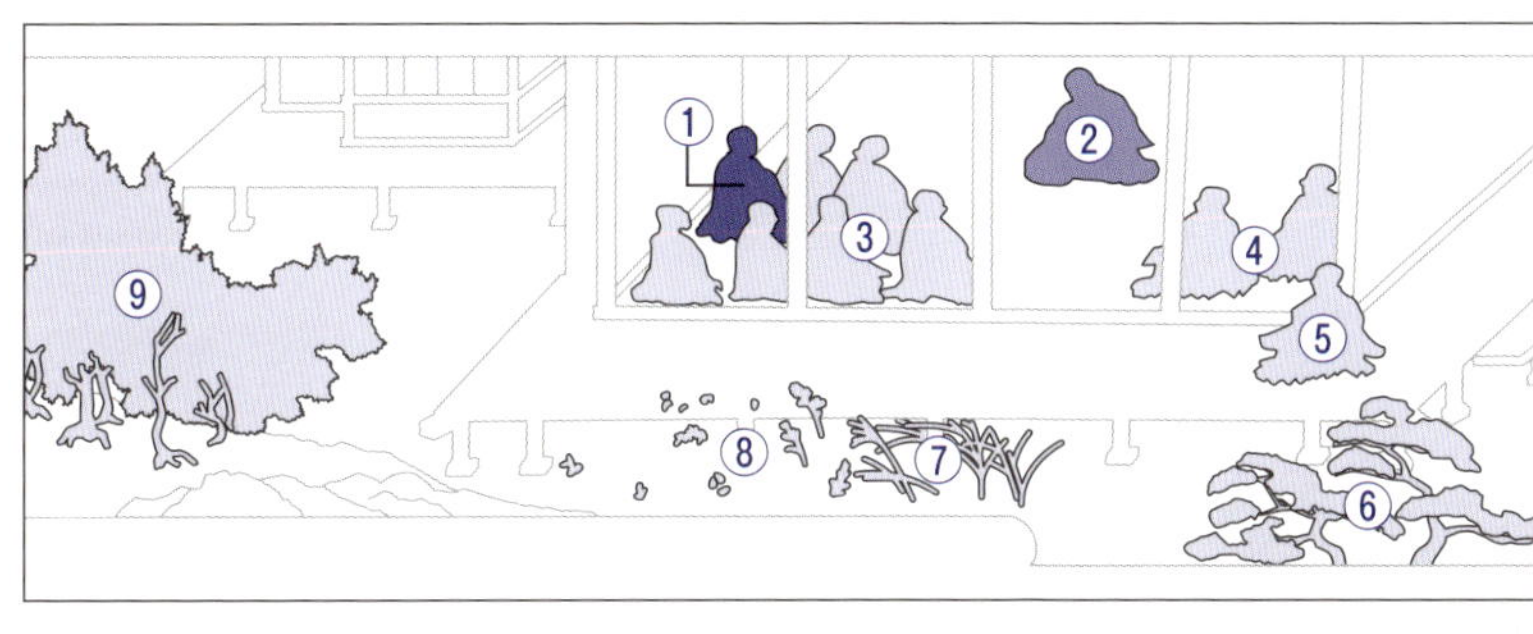

法然聖人のお弟子がたが論争されている図

①親鸞聖人
②法然聖人
③正信房湛空[23]・勢観房源智[24]・念仏房などのお弟子がた
④他のお弟子がた
⑤給仕を行う僧侶
⑥松
⑦（秋を表す）すすき
⑧萩
⑨杉

【原 文】

上人親鸞のたまはく、いにしへわが大師聖人源空の御前に、正信房・勢観房・念仏房以下のひとびとおほかりしとき、はかりなき諍論をしはんべることありき。そのゆゑは、「聖人の御信心と善信（親鸞）が信心と、いささかもかはるところあるべからず、ただひとつなり」と申したりしに、このひとびととがめていはく、「善信房の、聖人の御信心とわが信心とひとしと申さるることいはれなし。いかでかひとしかるべき」と。善信申していはく、「などかひとしと申さざるべきや。そのゆゑは深智博覧にひとしからんとも申さばこそ、まことにおほけなくもあらめ、往生の信心にいたりては、ひとたび他力信心のことわりをうけたまはりしよりこのかた、まつたくわたくしなし。しかれば、聖人の御信心も他力よりたまはらせたまふ、善信が信心も他力なり。かるがゆゑにひとしくしてかはるところなしと申すなり」と申しはんべりしところに、大師聖人まさしく仰せられてのたまはく、「信心のかはると申すは、自力の信にとりてのことなり。すなはち智慧各別なるゆゑに信また各別なり。他力の信心は、善悪の凡夫ともに仏のかたよりたまはる信心なれば、源空が信心も善信房の信心も、さらにかはるべからず、ただひとつなり。わがかしこくて信ずるにあらず。信心のかはりあうておはしまさんひとびとは、わがまゐらん浄土へはよもまゐりたまはじ。よくよくこころえらるべきことなり」と云々。ここに面々舌をまき、口を閉ぢてやみにけり。

信心諍論　（本願寺蔵・八幅の御絵伝より）

一般に流布している「御絵伝」とは少し構図が異なっており、法然聖人と他の弟子がたの間で中央におられるのが親鸞聖人。

み教えとともに《三》

おう盛な執筆活動

親鸞聖人は、多くの著作を残されています。そのほとんどが、貞永元（一二三二）年、六十歳ころに関東から京都に帰られてからのものです。親鸞聖人は、関東の門弟のかたがたにお念仏の教えを確かにしてもらうようにと、お聖教を書いて送られたり、またときには、信心についての質問に対してお手紙（消息）を書いて、これに答えられています。

『教行信証』（清書本）　（本願寺蔵）

親鸞聖人の著述のなかでもっとも中心となるのが、『顕浄土真実教行証文類』（『教行信証』）です。これは、親鸞聖人が関東におられた元仁元（一二二四）年の、聖人五十二歳のとき、執筆を開始されたもので、その後生涯において加筆修正が施されました（本書「年表」七一頁）。

また、親鸞聖人の著述の特徴は、和語で書かれたものが多いことです。晩年にまとめられた『浄土和讃』『高僧和讃』『正像末和讃』の「三帖和讃」は、七五調の詩歌で、当時流行していた今様をとりいれて、浄土真宗の法義を讃嘆されたものです（本書「年表」七一～七二頁）。さらに、法然聖人の門下にいっしょにいた聖覚法印が著した『唯信抄』は何度も書写され、これに註釈を加えられた『唯信抄文意』も執筆されています。

『歎異抄』（蓮如上人書写）　（本願寺蔵）

親鸞聖人のお言葉やお手紙も、聖教として編纂されるようになりました。親鸞聖人の語録を集めた『歎異抄』は、関東の門弟であった㉕唯円によってまとめられたものと考えられていますし、京都から門弟に宛てて出されたお手紙を集大成した『親鸞聖人御消息集』は、鎌倉時代にはすでに収集されています。

親鸞聖人の著述は、浄土真宗の教えを深く理解し広く伝えていくために、人びとによって書き写されていったのです。

9 第二幅第四図

入西鑑察

―五条西洞院・定禅夢想―

上巻・第八段

入西房[26]が御真影の図画を願い絵師・定禅法橋[27]を招いたところ、親鸞聖人の尊顔を拝した定禅は、「昨日、私が夢に拝した聖僧と少しも違いがありません」と言って、合掌してひざまずかれました。

【要旨】

仁治三（一二四二）年、入西房が普段から親鸞聖人の御真影をお写ししたいと願っていたところ、親鸞聖人から「定禅法橋にお願いしたらどうだろう」と仰せになりました。

やがて定禅法橋が参り、親鸞聖人の尊顔を拝するやいなや、「昨日、私が夢に拝した聖僧と、今お目にかかる親鸞聖人のお姿とは、少しも違うところがありません」と申しあげました。

夢の中で、一方の僧侶に「この方はいったいどなたでしょうか」とお尋ねしたところ、「この方は善光寺の本願御房です」というお答えでした。かねてから善光寺の本願御房は生身の弥陀如来であると聞いていた定禅法橋は、今、その阿弥陀如来にお遇いしたと思い、合掌してひざまずかれました。

この不思議な出来事を考えてみると、親鸞聖人が阿弥陀如来の化身であることは明らかであり、その教えは阿弥陀如来の直説（じきせつ）と言うことができるでしょう。

図解

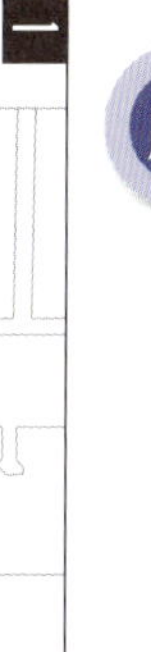

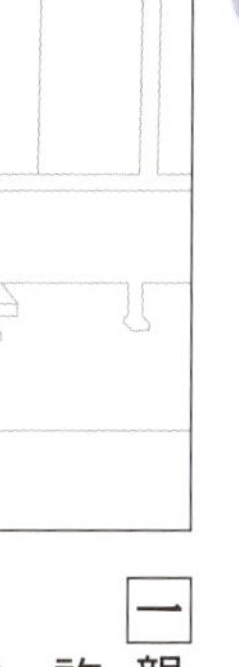

一 御真影の図画を許され、二 製作している様子が描かれている。

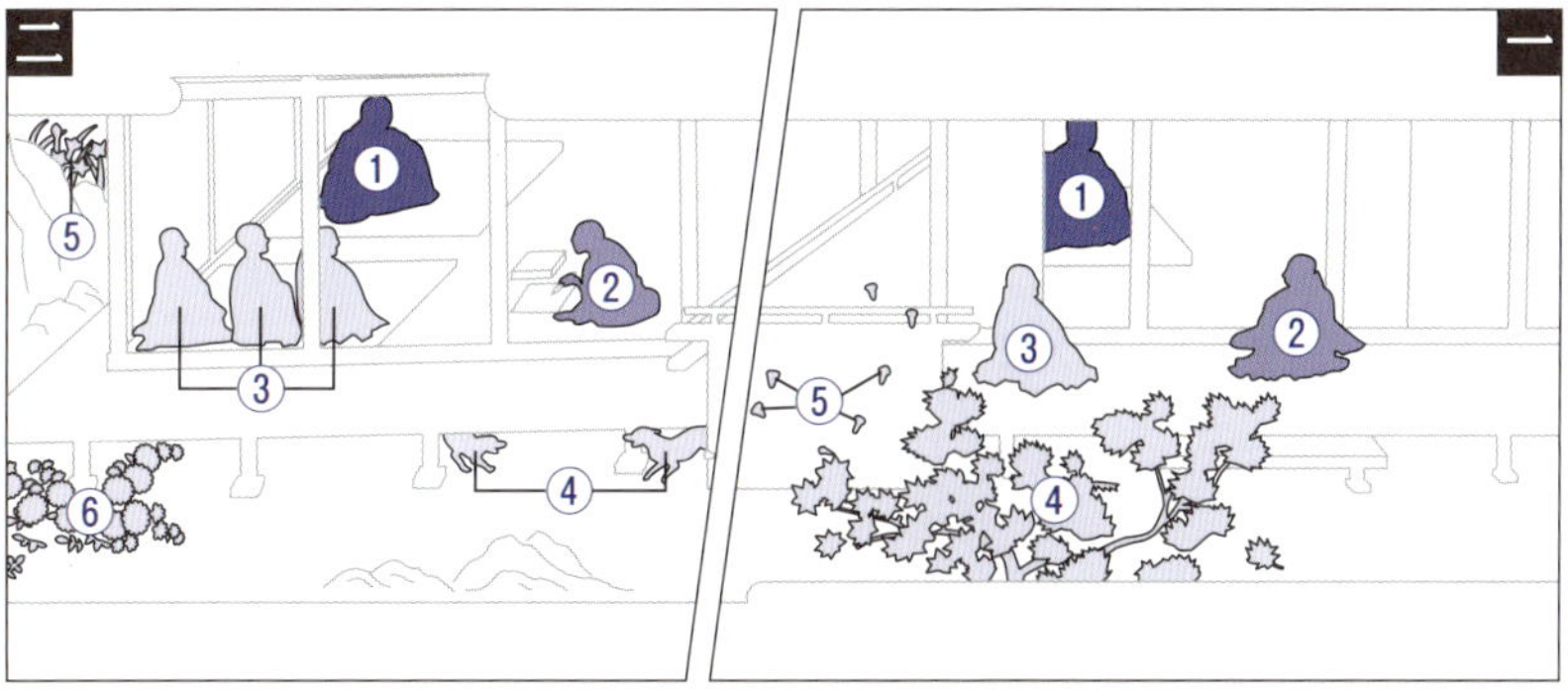

一 親鸞聖人が入西房に御真影の図画を許される図

① 親鸞聖人
② 入西房
③ 蓮位房
④ 紅葉した楓
⑤ 朝顔

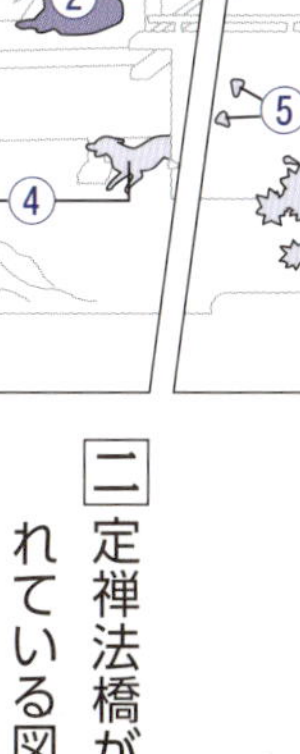

二 定禅法橋が筆を持ち御真影を製作されている図

① 親鸞聖人
② 定禅法橋
③ 入西房・蓮位房などのお弟子
④ 戯れている犬
⑤（秋を表す）桔梗（ききょう）
⑥（秋を表す）菊

【原　文】

御弟子入西房、上人親鸞の真影を写したてまつらんとおもふこころざしありて、日ごろをふるところに、上人そのこころざしあることをかがみて仰せられてのたまはく、「定禅法橋七条辺に居住に写さしむべし」と。入西房、鑑察の旨を随喜して、すなはちかの法橋を召請す。定禅左右なくまゐりぬ。すなはち尊顔に向かひたてまつりて申していはく、「去夜、奇特の霊夢をなん感ずるところなり。その夢のうちに拝したてまつるところの聖僧の面像、いま向かひたてまつる容貌に、すこしもたがふところなし」といひて、たちまちに随喜感歎の色ふかくして、みづからその夢を語る。貴僧二人来入す。一人の僧のたまはく、「この化僧の真影を写さしめんとおもふこころざしあり。ねがはくは禅下筆をくだすべし」と。定禅問ひていはく、「かの化僧たれびとぞや」。件の僧のいはく、「善光寺の本願の御房これなり」と。ここに定禅掌を合せ跪きて、夢のうちにおもふやう、さては生身の弥陀如来にこそと、身の毛よだちて恭敬尊重をいたす。また、「御ぐしばかりを写されんに足りぬべし」と云々。かくのごとく問答往復して夢さめをはりぬ。しかるにいまこの貴坊にまゐりてみたてまつる尊容、夢のうちの聖僧にすこしもたがはずとて、随喜のあまり涙を流す。しかれば、「夢にまかすべし」とて、いまも御ぐしばかりを写したてまつりけり。夢想は仁治三年九月二十日の夜なり。つらつらこの奇瑞をおもふに、聖人（親鸞）、弥陀如来の来現といふこと炳焉なり。しかればすなはち、弘通したまふ教行、おそらくは弥陀の直説といひつべし。あきらかに無漏の慧灯をかかげて、とほく濁世の迷闇を晴らし、あまねく甘露の法雨をそそぎて、はるかに枯渇の凡惑を潤さんがためなりと。仰ぐべし、信ずべし。

御所の門を中心に、一申し立てを行う公卿と、二専修念仏停止を申し渡す公卿が描かれている。

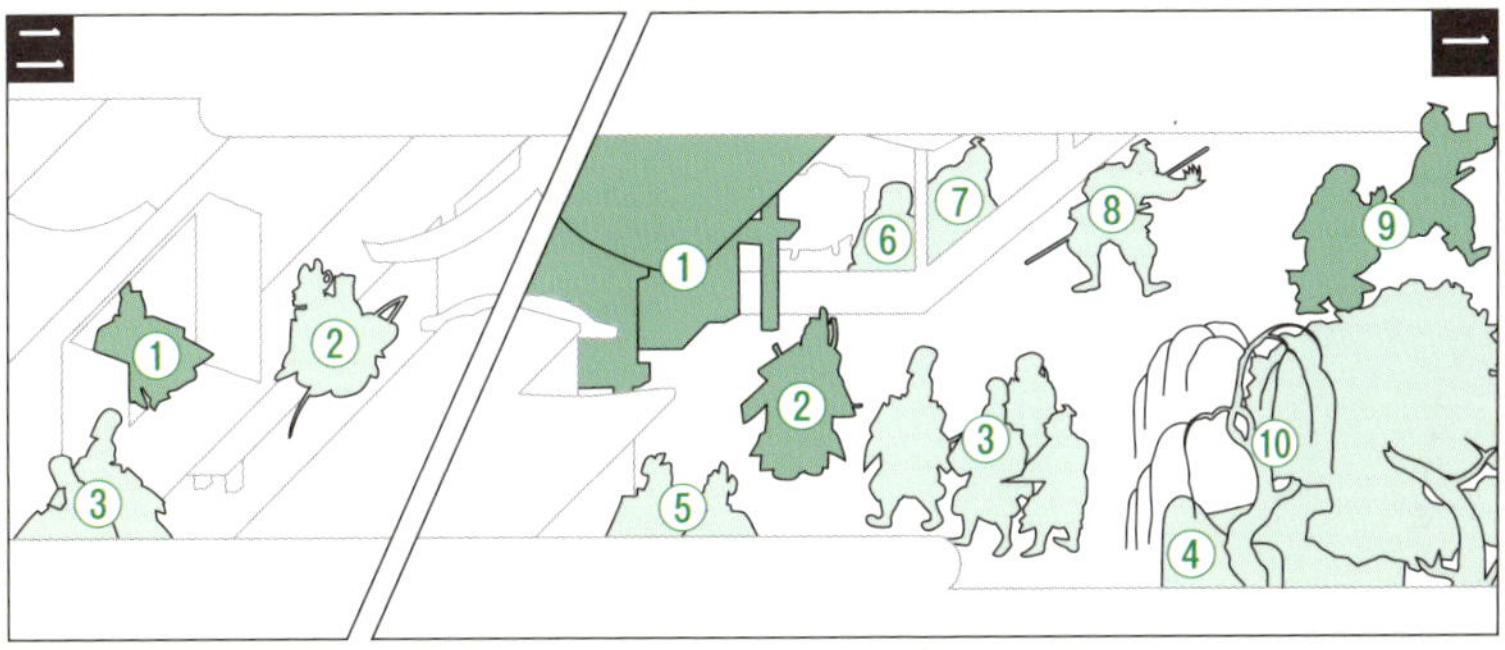

一 公卿が南都北嶺の申し立てを奏上しようとしている図

① 一説には、御所東側に位置する陽明門
② 念仏停止の訴えを奏上する公卿（一説には㉘藤原親経）
③ 公家や武士・稚児の供人
④ 公卿の乗って来た牛車
⑤ 門を見張る警護の武士
⑥ 南都あるいは比叡山から出向している五位の法印
⑦ 検非違使の役人
⑧ 取り締まりを行う検非違使の役人
⑨ 取り締まりから逃れようとする門弟（一説によると、僧侶は㉙住蓮房）
⑩ （春を表す）柳と桜

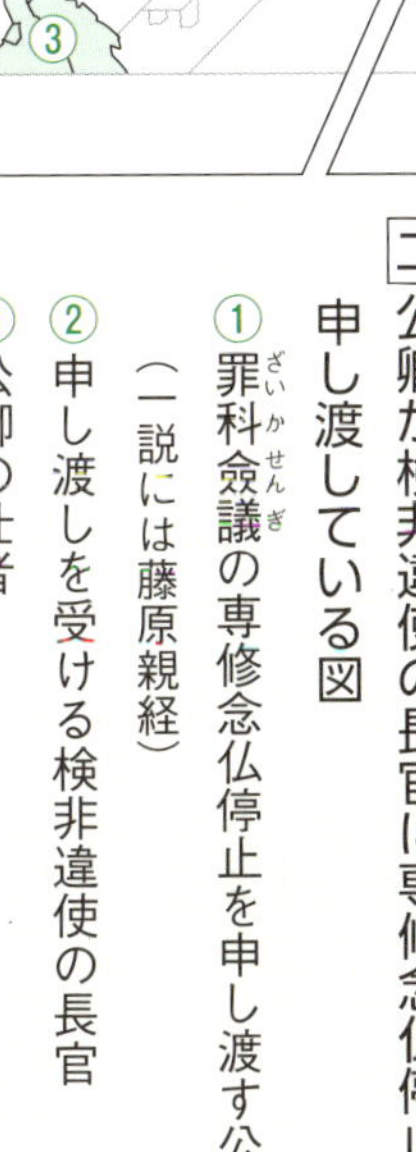

二 公卿が検非違使の長官に専修念仏停止を申し渡している図

① 罪科僉議の専修念仏停止を申し渡す公卿（一説には藤原親経）
② 申し渡しを受ける検非違使の長官
③ 公卿の仕者

下巻・第一段

11 第三幅第二図

師資遷謫 二

―御所清涼殿・公卿罪科僉議―

御所清涼殿では公卿による評定が行われ、御簾奥には天皇が座しておられます。

【要旨】

親鸞聖人は、承元の法難について、その主著『顕浄土真実教行証文類』化身土文類に「聖道門の教えは廃れ、浄土真宗の教えはさとりを開く道として、今盛んである。ところが諸寺の僧侶や学者たちも、正しい教えとよこしまな教えの区別をわきまえていない。天皇や臣下の者が念仏停止を決めたことは、法に背き道理に外れたことであり、怒りと怨みの心をいだいた不実の行いだ」と記しておられます。

【原文】

「顕化身土文類」の六にいはく、「ひそかにおもんみれば、聖道の諸教は行証ひさしく廃れ、浄土の真宗は証道いま盛んなり。しかるに諸寺の釈門、教に昏くして真仮の門戸を知らず、洛都の儒林、行に迷ひて邪正の道路を弁ふることなし。ここをもつて、興福寺の学徒、太上天皇 諱尊成、㉚後鳥羽院と号す 今上 諱為仁、㉛土御

門院と号す　聖暦、承元丁卯の歳、仲春上旬の候に奏達す。主上臣下、法に背き義に違し、忿りをなし怨を結ぶ。

御所で専修念仏停止の評定が行われている様子が描かれている。

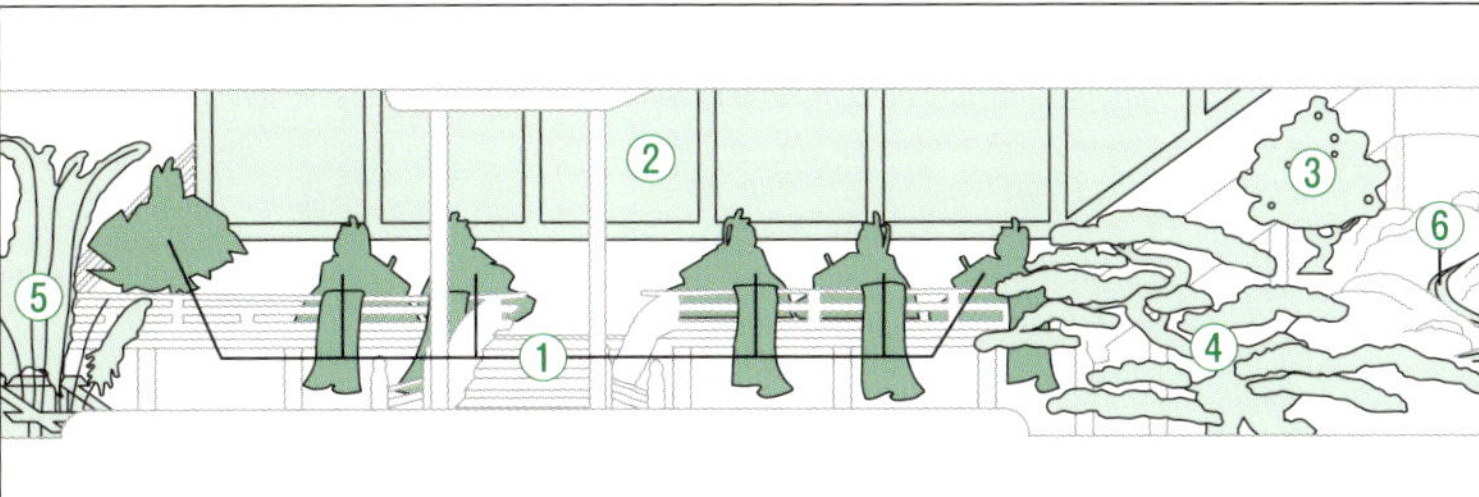

公卿が専修念仏停止について評定している図

① 評定を行う公卿
② 御簾のなかには土御門天皇
③ 橘
④ 松
⑤（淡竹が植えられた）呉竹の台
⑥（御殿に沿って流れる）御溝水

12 第三幅第三図

師資遷謫

―吉水・法然聖人配流―

親鸞聖人三十五歳のとき、法然聖人とその門弟数人は死罪や流罪に処せられました。

【要旨】

続いて『顕浄土真実教行証文類』化身土文類には、「法然聖人をはじめ、その門下の数人について、罪の内容も問うこともなく、不当にも死罪に処し、あるいは僧侶の身分を奪って俗名を与え、遠く離れた地に流罪に処した。私もその一人である。だから、もはや僧侶でもなく俗人でもない。このようなわけで、禿の字をもって自らの姓としたのである」と記されています。

【原文】

これによりて、真宗興隆の大祖源空法師ならびに門徒数輩、罪科を考へず、みだりがはしく死罪に坐す。あるいは僧の儀を改め姓名を賜ひて遠流に処す。予はその一つなり。しかれば、すでに僧にあらず俗にあらず。このゆゑに禿の字をもつて姓とす。空師（源空）ならびに弟子等、諸方の辺州に坐し

て五年の居諸を経たり」と云々。

図解

吉水の禅坊を出られる法然聖人のお姿が描かれている。

流罪が決定し禅坊を出られる法然聖人の図

①墨衣墨袈裟の法然聖人
②法然聖人が乗られる張輿
③別れを悲しむお弟子がた
④松と（春を表す）桜
⑤力者法師
⑥一説には㉜随蓮沙弥
⑦法然聖人より教化を受けた人びと
⑧追捕の検非違使
⑨罪人を配所まで送る領送使

13 第三幅第四図

師資遷謫

四

―親鸞聖人配流―

法然聖人は土佐国（実際には讃岐国）、親鸞聖人は越後国へ流罪となられました。

【要旨】

法然聖人は藤井元彦と名付けられて土佐国幡多へ、親鸞聖人は藤井善信と名付けられて越後国国府へ流罪となられました。この他にも、死罪や流罪となった者がいます。

そののち、建暦元（一二一一）年、三十九歳のとき、親鸞聖人は罪を許されましたが、人びとを教化するためしばらく越後に留まられました。

【原文】

空聖人罪名藤井元彦、配所土佐国　幡多　鸞聖人（親鸞）罪名藤井善信、配所越後国　国府　このほか門徒、死罪流罪みなこれを略す。皇帝　諱守成、㉝佐渡院と号す　聖代、建暦　辛　未の歳、子月中旬第七日、㉞岡崎中納言範光卿をもつて勅免。このとき聖人右のごとく禿の字を書きて奏聞したまふに、陛下叡感

をくだし、侍臣おほきに褒美す。勅免ありといへども、かしこに化を施さんがために、なほしばらく在国したまひけり。

図解

門を境に、一張輿が出発しようとしている様子と、二張輿が出発した際の様子が描かれている。

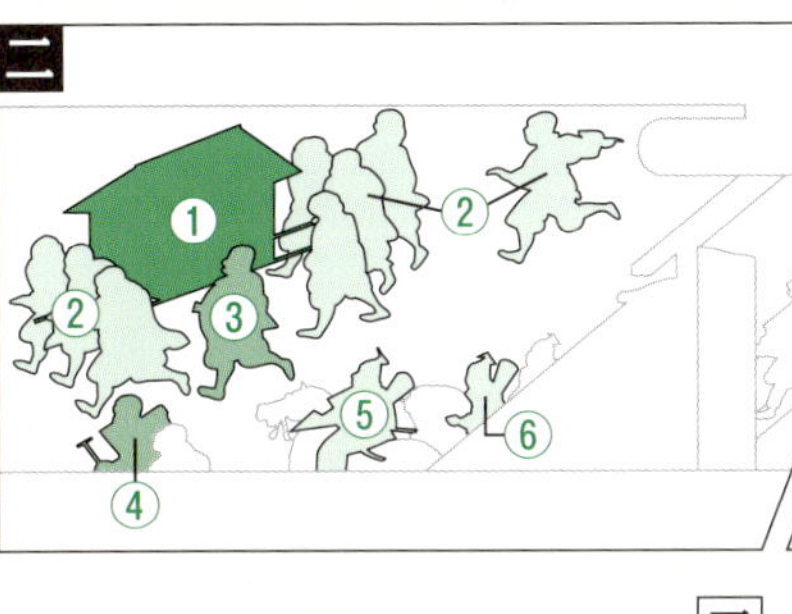

一 流罪が決定し、張輿に乗り出立されようとしている図

① 親鸞聖人が乗られている張輿
② 力者法師
③ 出発を悲しむ同朋の僧侶がた

二 張輿を門外に担ぎ出し出発した図

① 親鸞聖人が乗られている張輿
② 力者法師
③ 一説には随行する西仏房[35]
④ 一説には同行する性信房[36]
⑤ 領送使
⑥ 検非違使

14 第三幅第五図

稲田興法

―稲田の草庵・ご教化―

下巻・第二段

赦免ののち、家族とともに越後国国府から関東に移られた親鸞聖人は、約二十年間、常陸国を中心に伝道布教に多くの力を注がれました。

【要　旨】

越後国を出られた親鸞聖人は、建保二（一二一四）年に関東に向われ、常陸国笠間郡稲田郷にお住まいになられました。そこにはさまざまな多くの人が訪れ、仏法弘通の念願が実現しました。このとき、「この有り様は、昔、救世観音菩薩より受けた夢告と少しも違わない」と、親鸞聖人は仰せになられました。

【原　文】

聖人（親鸞）越後国より常陸国に越えて、笠間郡稲田郷といふところに隠居したまふ。幽棲を占むといへども道俗あとをたづね、蓬戸を閉づといへども貴賤ちまたにあふる。仏法弘通の本懐ここに成就し、衆生利益の宿念たちまちに満足す。この時聖人仰せられてのたまはく、「救世菩薩の告命を受けしいにしへの夢、すでにいま符合せり」と。

常陸国筑波山を境に、一各地を訪ねられるお姿と、二草庵で説法をされているお姿が描かれている。

一 親鸞聖人が越後から常陸へ向かわれる図

① 下野国室八嶋（しもつけのくにむろのやしま）の風景、あるいは霞ヶ浦の風景など諸説がある
② 親鸞聖人
③ 一説には西仏房
④ 一説には性信房あるいは蓮位房

二 稲田の草庵で説法をされる図

① 親鸞聖人
② 西仏房や性信房などの聞法をする僧侶や武士、老若男女（ろうにゃくなんにょ）
③ 門を入る武士や尼僧、その伴人
④ 筑波山
⑤ 見返り橋
⑥ 吹雪谷（ふぶきだに）の流れ

15　第三幅第六図

弁円済度（べんねんさいど）

―稲田の草庵・弁円帰依―

下巻・第三段

親鸞聖人の命を狙おうと試みた(37)弁円（べんねん）は、その思いが遂げられず、稲田の草庵に押しかけましたが、聖人の尊顔を拝してたちどころに改心して、お念仏に帰依（きえ）しました。

【要　旨】

親鸞聖人が、常陸国で専修（せんじゅ）念仏を弘められると、多くの人が信じ従うようになりました。そのようななかで、念仏の教えを快く思わない山伏（山臥）の弁円（べんねん）は、親鸞聖人に危害を加えようと、ふだん聖人が往き来される板敷山（いたじきやま）で何度も待ち伏せをしましたが、その思いが実現しませんでした。

そこで弁円は、考えを巡らせて、親鸞聖人に会ってみようと聖人の草庵を訪れました。すると何のためらいもなく出てこられた親鸞聖人の尊顔を拝して、その心に後悔の念が生じました。しばらくしてこれまでの鬱憤（うっぷん）を申し述べたところ、聖人は驚く様子もありませんでした。そこで弁円は、山伏の身なりを棄てて仏法に帰依せられ、聖人から明法房（みょうほうぼう）という名をお受けになりました。

【原　文】

聖人（親鸞）常陸国（ひたちのくに）にして専修念仏の義をひろめたまふに、おほよそ疑謗（ぎほう）の輩（ともがら）は少なく、信順の族（やから）はおほし。しかるに一人（いちにん）の僧　山臥（やまぶし）と云々　ありて、ややもすれば仏法に怨（あだ）をなしつつ、結句（けっく）害心をさしはさみて、聖人をよりよりうかがひたてまつる。聖人板敷山（いたじきやま）といふ深山（しんざん）をつねに往反（おうへん）したまひけ

るに、かの山にして度々あひまつといへども、さらにその節をとげず。つらつらことの参差を案ずるに、すこぶる奇特のおもひあり。よつて聖人に謁せんとおもふこころつきて、禅室にゆきて尋ねまうすに、上人左右なく出であひたまひけり。すなはち尊顔にむかひたてまつるに、害心たちまちに消滅して、あまつさへ後悔の涙禁じがたし。ややしばらくありて、ありのままに日ごろの宿鬱を述すといへども、聖人またおどろける色なし。たちどころに弓箭をきり、刀杖をすて、頭巾をとり、柿の衣をあらためて、仏教に帰しつつ、つひに素懐をとげき。不思議なりしことなり。すなはち明法房これなり。上人（親鸞）これをつけたまひき。

一 板敷山での待ち伏せが成功せず、二 稲田の草庵に乗り込むも、親鸞聖人に帰依した弁円の姿が描かれている。

一 板敷山山中で、弁円一味が親鸞聖人を待ち伏せしている図

① 見張りをする山伏たち。一人は弁円との説もある
② 親鸞聖人のいる稲田の草庵に乗り込もうとする弁円
③ （晩秋を表す）紅葉

二 稲田の草庵での親鸞聖人と弁円との対面の図

① 弁円を出迎えられる親鸞聖人
② 稲田の草庵を訪れた弁円
③ 親鸞聖人
④ 山伏のいでたちを捨てた弁円
⑤ 討ち捨てられた弓矢や太刀
⑥ 一説には蓮位房と性信房、あるいは西仏房

16 第四幅第一図

箱根霊告（はこねれいこく）

―箱根権現・神官歓待―

六十歳を過ぎて親鸞聖人は帰洛の途につかれましたが、その途中、箱根権現（はこねごんげん）の神官（しんかん）の館（やかた）にて歓待を受けられました。

【要旨】

親鸞聖人ご一行が帰洛の道中、箱根の険しい山道にさしかかり、やっと箱根権現の社（やしろ）近くに人家を見つけた頃には、もう夜も更けて月も傾いておりました。

門戸を叩くと、中から神官が出てこられ、次のように申しあげられました。「仮眠をしておりましたところ、権現さまが現れて『私の尊敬している客人がこの道を通られるので、心を尽くして特に丁寧におもてなしをしなさい』と告げられました」。

そして一行を招き入れ、さまざまな珍しいご馳走をしておもてなしをされました。

一 歓待を受けられるご一行と、二 次の段「熊野霊告」での面談の様子が描かれている。

一 神官より出迎えを受ける親鸞聖人ご一行の図

① 親鸞聖人
② 正装をした神官
③ 神官の館
④ 顕智（けんち）[38]・専信房[39]・西念房[40]・性信房などさまざまな説がある
⑤ 蓮位房
⑥ 箱根権現の拝殿
⑦ 箱根山

二 平太郎が五条西洞院の親鸞聖人のもとを訪ねられた図

① 親鸞聖人
② 縁に膝をついて相談をする平太郎[41]
③ 蓮位房

【原文】

聖人（親鸞）東関の堺を出でて、華城の路におもむきましましけり。ある日晩陰におよんで箱根の嶮阻にかかりつつ、はるかに行客の蹤を送りて、やうやく人屋の枢にちかづくに、夜もすでに暁更におよんで、月もはや孤嶺にかたぶきぬ。ときに聖人歩み寄りつつ案内したまふに、まことに齢傾きたる翁のうるはしく装束したるが、いとことなく出であひたてまつりていふやう、「社廟ちかき所のならひ、巫どもの終夜あそびしはんべるに、翁もまじはりつるが、いまなんいささか仮寝はんべるとおもふほどに、夢にもあらず、うつつにもあらで、権現仰せられていはく、〈ただいまわれ尊敬をいたすべき客人、この路を過ぎたまふべきことあり、かならず慇懃の忠節を抽んで、ことに丁寧の饗応をまうくべし〉と云々。示現いまだ覚めをはらざるに、貴僧忽爾として影向したまへり。なんぞただ人にましまさん。神勅これ炳焉なり。感応もつとも恭敬すべし」といひて、尊重屈請したてまつりて、さまざまに飯食を粧ひ、いろいろに珍味を調へけり。

箱根霊告　（本願寺蔵・八幅の御絵伝より）

赤野井別院蔵の「御絵伝」ではやや若い神官が描かれているが、ここでは翁の姿が見える。

み教えとともに《四》

名号本尊

― 言葉となってはたらく仏さま

浄土真宗の本尊は、木像・絵像・名号といったさまざまな形で表されますが、そのなかでも、特に親鸞聖人は名号を本尊として用いられることが多く、仏教（浄土教）の歴史のなかで名号を礼拝対象としてお示しになられました。

本願寺第八代宗主蓮如上人は「他流には、名号よりは絵像、絵像よりは木像といふなり。当流には、木像よりは絵像、絵像よりは名号といふなり」（『蓮如上人御一代記聞書』）という言葉を残しておられますが、このことも親鸞聖人が名号を大切にされていたことを端的に表しています。

それまでの浄土教では、平生の善行の積み重ねによって、臨終の際には阿弥陀如来が浄土から迎えに来てくださる来迎という考えが主流でした。ところが、親鸞聖人は、人は如来の本願を信じたときに救われ、浄土において仏に成ることが定まるのだから、臨終に来迎を待つ必要はない、と受け止められました。このため、仏の姿（像）をみて浄土に生まれることを願うことは観仏という自力の行であり、来迎のお姿を現したという誤解を生み易い仏像を、礼拝対象としてはあまり重用されなかったのではないかと想像されます。

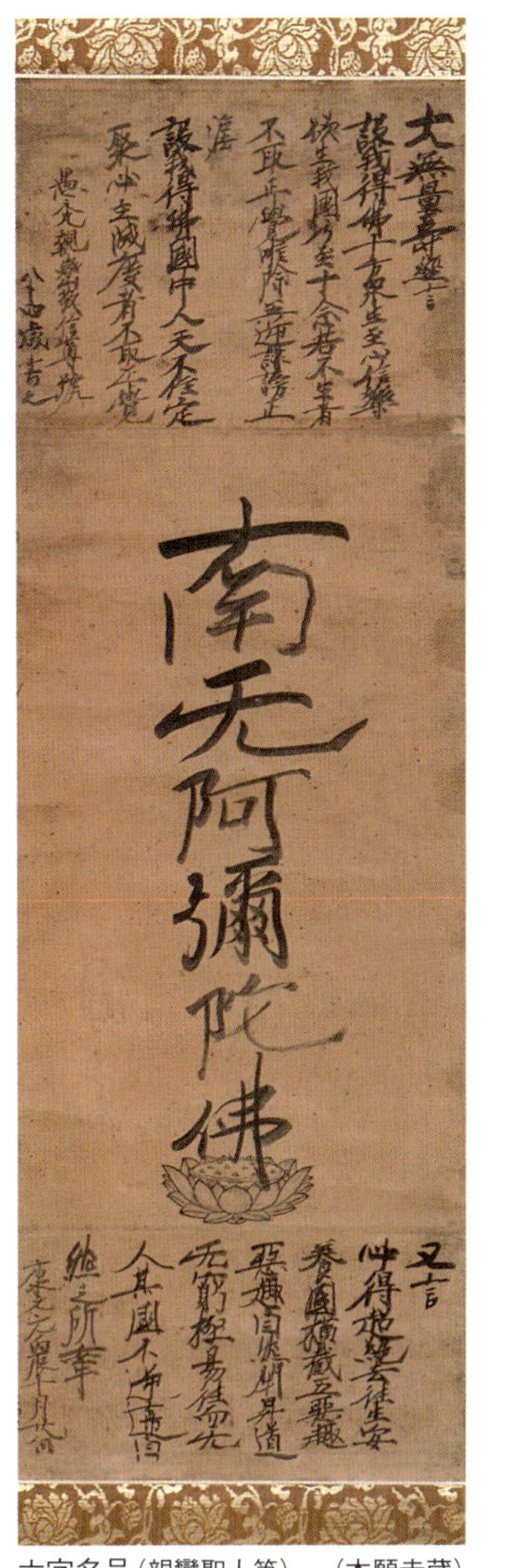

六字名号（親鸞聖人筆）　（本願寺蔵）

親鸞聖人が制作された名号本尊としては、現在、七幅が残っています。その七幅とは、「南无阿弥陀仏」の六字名号が一幅、「帰命盡十方无导光如来」の十字名号が四幅、「南无不可思議光仏」の八字名号が一幅で、これらには、名号の意味や浄土真宗の教えをあらわすために、名号の上下に『無量寿経』などからの引文が讃銘として書き添えられています。また、一幅のみ残されている「南无盡十方无导光如来」の十字名号には讃銘が付けられていませんので、試作的なものであったと考えられています。

これら六字名号・十字名号・八字名号や、浄土真宗で広く用いられる「南无不可思議光如来」の九字名号も、すべて阿弥陀如来のはたらきを表しています。それは、「無碍光の阿弥陀如来に帰依（南无）しなさい」という阿弥陀如来の勅命（命令）であると同時に、「阿弥陀如来に帰依します」というわたしたちの表白として、称名念仏ともなるものです。

親鸞聖人が制作された名号本尊のすべてが八十三歳ないし八十四歳のときのものですから、聖人も晩年になって礼拝のための名号を制作する境地に達していかれたのでしょう。

17 第四幅第二図

熊野霊告

―熊野権現・平太郎夢告―

職務で熊野権現に参詣した平太郎は、熊野本宮の参籠所で、親鸞聖人が熊野権現に「平太郎は私の導きによって念仏する者である」と仰っている夢告を感得します。

【要旨】

親鸞聖人が帰洛されて五条西洞院でお住まいのとき、聖人を訪れてきた関東の門弟たちのなかに、常陸国大部郷の平太郎という方がいらっしゃいました。平太郎は、職務で熊野社に詣でなければならなくなり、このことが浄土真宗の教えに背かないかと、親鸞聖人のもとへ相談に来ました。そこで親鸞聖人は、「熊野本宮の権現は、衆生を本願海に招き入れようとして日本に現れた阿弥陀如来そのものです。ですから、お念仏の道を進んでいる者は、阿弥陀如来の誓願を信じて、普段どおりの姿で熊野権現にお参りしなさい」と仰いました。

平太郎は、その親鸞聖人のお言葉に従い、熊野詣での道中は特別な作法をせずに熊野本宮に到着しました。するとその夜の夢に、本宮主殿の証誠殿から正装した俗人（熊野権現）が現れ、「おまえはなぜ精

進潔斎（じんけっさい）をせず参詣したのか」と問われました。そこに親鸞聖人が現れ、「この者は私の教えによって念仏するものです」と答えられました。

一 横臥（おうが）する平太郎の様子と、二 その夢告の内容が描かれている。

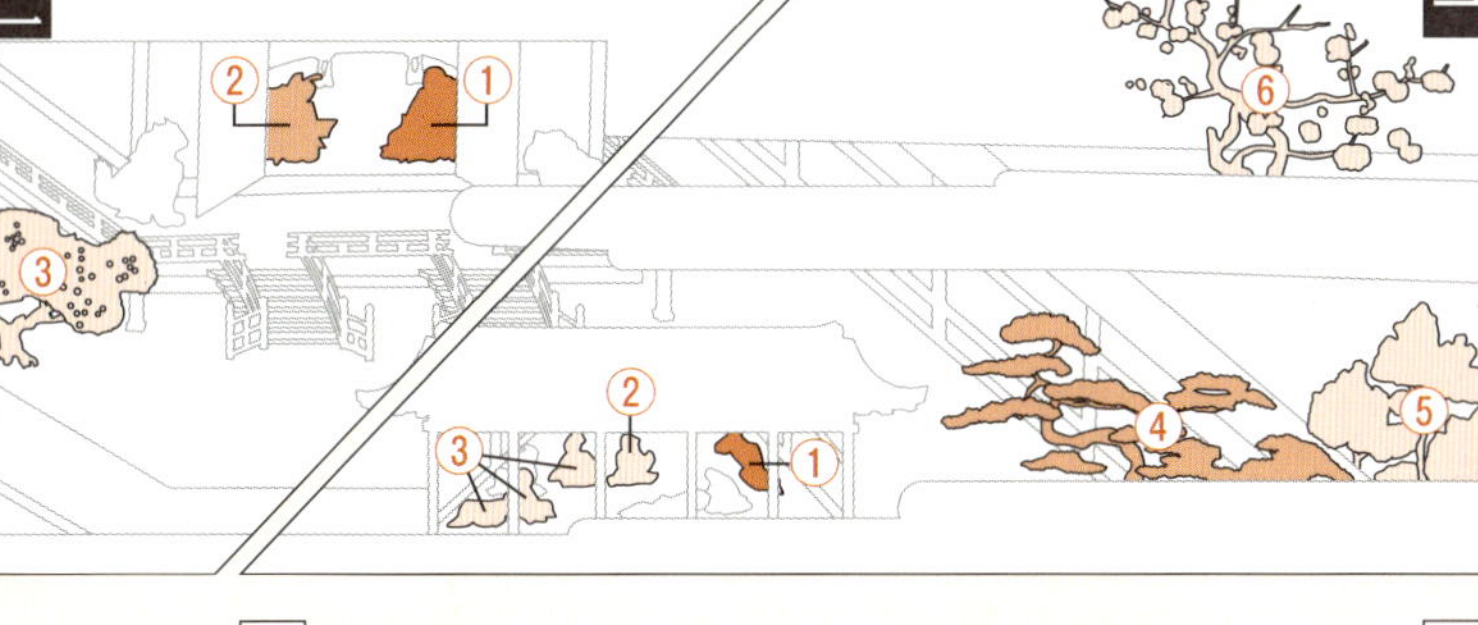

一 平太郎が参籠所で横臥（おうが）し夢告を受けている図

① 平装の平太郎
② 祈祷や参詣の案内を行う御師（おし）
③ 参籠する参詣者、一説に㊷佐竹刑部左衛門末方（さたけぎょうぶさえもんすえかた）とその家臣
④ 松
⑤ 杉
⑥ 梅

二 夢のなかで証誠殿の扉が開かれた場面

① 親鸞聖人
② 熊野権現
③ 橘

するとその俗人は、敬服してなにも述べることはありませんでした。
平太郎が、熊野からの帰りに親鸞聖人のもとを訪れてこのことをお話しすると、聖人は「そういうことです」とだけ仰ったという、不思議なことです。

【原 文】

聖人（親鸞）故郷に帰りて往事をおもふに、年々歳々夢のごとし、幻のごとし。長安・洛陽の棲も跡をとどむるに懶しとて、扶風馮翊ところどころに移住したまひき。五条西洞院わたり、これ一つの勝地なりとて、しばらく居を占めたまふ。このごろ、いにしへ口決を伝へ、面受をとげし門徒等、おのおの好を慕ひ、路を尋ねて参集したまひけり。そのころ常陸国那荷西郡大部郷に、平太郎なにがしといふ庶民あり。聖人の訓を信じて、もつぱらふたごころなかりき。しかるにある時、件の平太郎、所務に駆られて熊野に詣すべしとて、ことのよしを尋ねまうさんがために、聖人へまゐりたるに、仰せられてのたまはく、「それ聖教万差なり、いづれも機に相応すれば巨益あり。ただし末法の今の時、聖道門の修行においては成ずべからず。すなはち〈我末法時中億々衆生　起行修道　未有一人得者〉（安楽集・上 二四一）といひ、〈唯有浄土一門可通入路〉（同・上）と云々。これみな経釈の明文、如来の金言なり。しかるにいま〈唯有浄土〉の真説について、かたじけなくかの三国の祖師、おのおのこの一宗を興行す。このゆゑに、愚禿すすむるところ、さらに私なし。しかるに一向専念の義は往生の肝腑、自宗の骨目なり。すなはち三経に隠顕ありといへども、文といひ義といひ、ともにもつてあきらかなるをや。『大経』の三輩にも一向とすすめて、流通にはこれを弥勒に付属し、『観経』の九品にもしばらく三心と説きて、これまた阿難に付属す、『小経』の一心つひに諸仏これを証誠す。これによりて論主（天親）一心と判じ、和尚（善導）一向と釈す。しかればすなはち、いづれの文によるとも、一向専念の義を立すべからざるぞや。証誠殿の本地すなはちいまの教主（阿弥陀仏）なり。かるがゆゑに、とてもかくても衆生に結縁の志ふかきによりて、和光の垂迹を留めたまふ。垂迹を留むる本意、ただ結縁の群類をして願海に引入せんとなり。しかあれば本地の誓願を信じて一向に念仏をこととせん輩、公務にもしたがひ、領主にも駆仕して、その霊地をふみ、その社廟に詣せんこと、さらに自心の発起するところにあらず。しかれば、垂迹において内懐虚仮の身たりながら、あながちに賢善精進の威儀を標すべからず。

ただ本地の誓約にまかすべし、あなかしこ、あなかしこ。神威をかろしむるにあらず、ゆめゆめ冥眦をめぐらしたまふべからず」と云々。これによりて平太郎熊野に参詣す。道の作法とりわき整ふる儀なし。ただ常没の凡情にしたがひて、さらに不浄をも刷ふことなし。行住坐臥に本願を仰ぎ、造次顛沛に師教をまもるに、はたして無為に参着の夜、件の男夢に告げていはく、証誠殿の扉を排きて、衣冠ただしき俗人仰せられていはく、「なんぢなんぞわれを忽緒して汚穢不浄にして参詣するや」と。その時かの俗人に対座して、聖人忽爾としてまみえたまふ。その詞にのたまはく、「かれは善信（親鸞）が訓によりて念仏するものなり」と云々。ここに俗人笏をただしくして、ことに敬屈の礼を著しつつ、かさねて述ぶるところなしとみるほどに、夢さめをはりぬ。おほよそ奇異のおもひをなすこと、いふべからず。下向の後、貴坊にまゐりて、くはしくこの旨を申すに、聖人「そのことなり」とのたまふ。これまた不思議のことなりかし。

熊野霊告　（本願寺蔵・八幅の御絵伝より）

右方で横臥するのが平太郎。

下巻・第六段

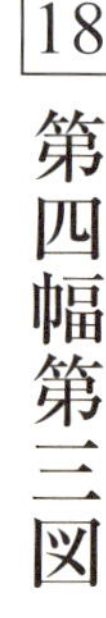

18 第四幅第三図

洛陽遷化

一

―善法坊（角坊）・ご往生―

少しご病気の様子であった親鸞聖人は、九十歳でご往生（遷化）になられます。

【要旨】

弘長二年、親鸞聖人は病気になられ念仏を申されるなかで、ついに十一月二十八日（一二六三年一月十六日・新暦）、ご往生になられました。お歳は九十歳でした。

【原文】

聖人（親鸞）弘長二歳　壬戌　仲冬下旬の候より、いささか不例の気まします。それよりこのかた、口に世事をまじへず、ただ仏恩のふかきことをのぶ。声に余言をあらはさず、もつぱら称名たゆることなし。しかうしておなじき第八日　午時　頭北面西右脇に臥したまひて、つひに念仏の息たえをはりぬ。ときに頽齢九旬にみちたまふ。

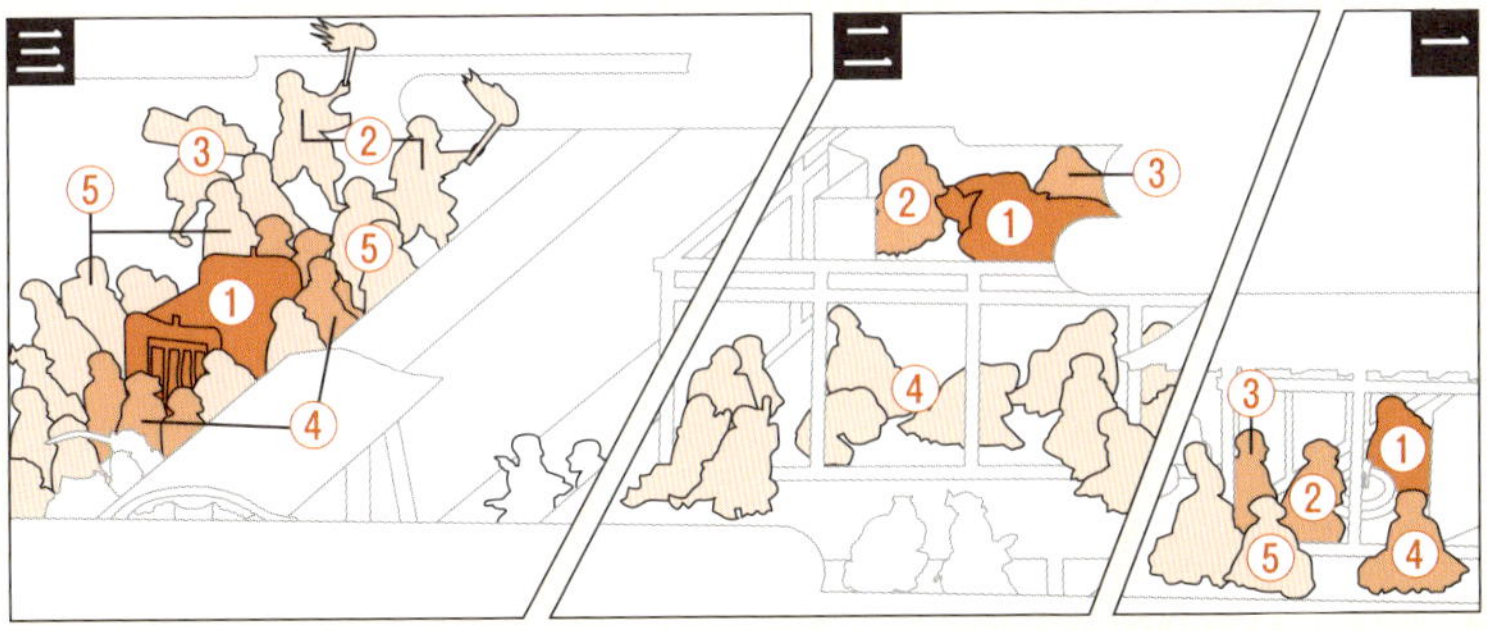

一面会されるお姿や二ご往生、そして三出棺の様子が描かれている。

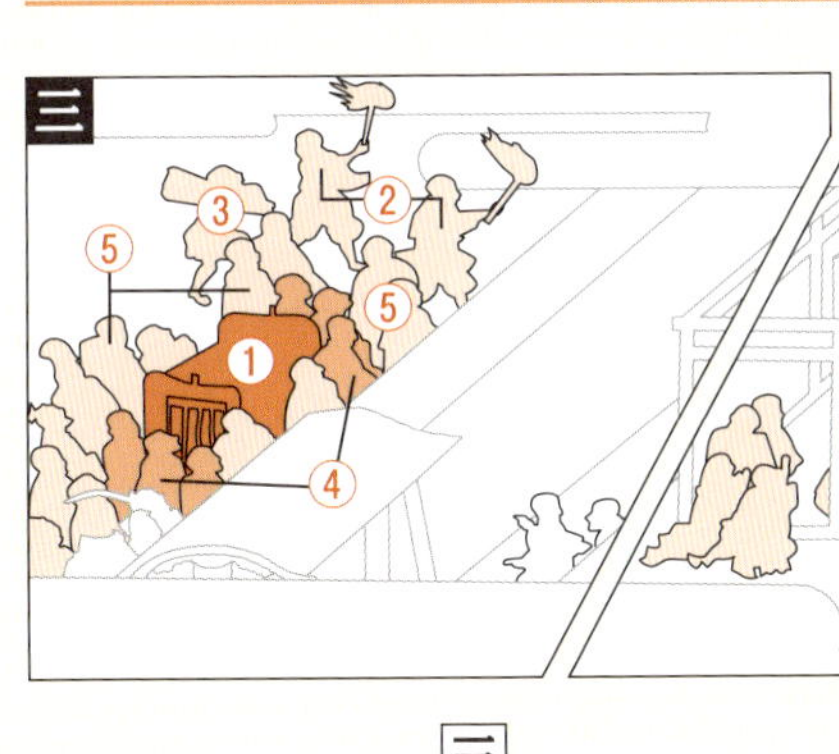

一 病床に臥された親鸞聖人が門弟の方がたに面会されている図

① 火鉢（ひばち）に寄りかかり、門弟がたと面会される親鸞聖人
② 一説には関東から訪ねてこられた顕智（けんち）
③ 同じく顕智に同行した専信房（あるいはご子息の㊸益方入道（ますかたにゅうどう））
④ 一説には蓮位房
⑤ 見舞いの門弟

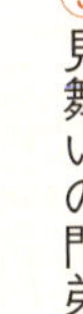

二 ご往生（遷化）の図

① 親鸞聖人
② 一説には益方入道（あるいは顕智）
③ 同じく弟の㊹尋有（じんう）（あるいは専信房）
④ 門弟の方がた

三 棺（ひつぎ）を輿（こし）に乗せ荼毘所（だびしょ）に出発する図

① 棺を乗せた輿
② 松明（たいまつ）を灯し道案内をする僧侶
③ 薪（たきぎ）を運ぶ人
④ 力者法師
⑤ 輿にお供する門弟がた

19 第四幅第四図

洛陽遷化 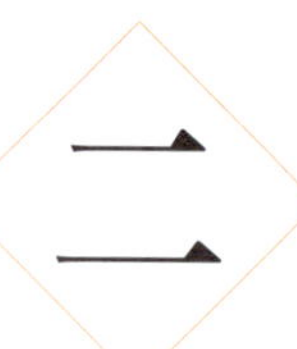 二

―延仁寺・荼毘―

下巻・第六段

東山鳥部野の延仁寺で荼毘に付され、ご遺骨は大谷の地に納められました。

【要旨】

禅房は押小路の南、万里小路より東にありましたので、ご遺体は鴨川東の道を通って、鳥部（辺）野の南、延仁寺で火葬にし、ご遺骨は鳥部野の北、大谷にお納めしました。

ご教化をうけた多くの人たちが親鸞聖人のお姿を偲び、お亡くなりになられた悲しみに涙を流しました。

【原文】

禅房は長安馮翊の辺　押小路の南、万里小路より東　なれば、はるかに河東の路を歴て、洛陽東山の西の麓、鳥部野の南の辺、延仁寺に葬したてまつる。遺骨を拾ひて、おなじき山の麓、鳥部野の北の辺、大谷にこれをおさめをはりぬ。しかるに終焉にあふ門弟、勧化をうけし老若、おのお

の在世のいにしへをおもひ、滅後のいまを悲しみて、恋慕涕泣(れんぼていきゅう)せずといふことなし。

図解

一 輿が鳥部野に至り、二 ご遺体が荼毘に付される様子が描かれている。

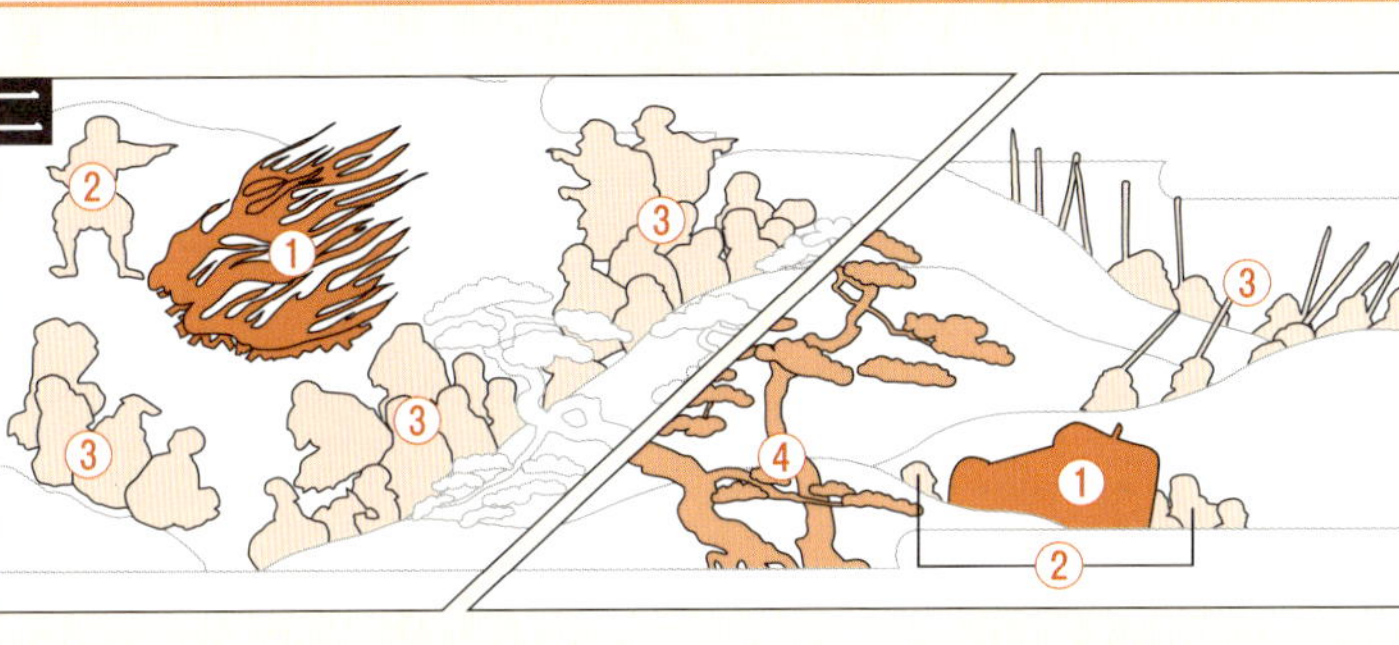

一 鳥部野の荼毘所に向かう輿の図

① 棺を乗せた輿
② お供の門弟がた
③ 様子をうかがう祇園社(ぎおんしゃ)の犬神人(いぬじにん)
④ 松

二 荼毘の図

① 荼毘の炎
② 火葬を行う人
③ 門弟がた

20 第四幅第五図

廟堂創立

―東山・大谷廟堂―

吉水の北にご遺骨を移転し、廟堂を建てて御影像が安置されましたので、たくさんの門信徒がたが参拝されるようになりました。

【要旨】

文永九（一二七二）年、大谷にあった親鸞聖人の墳墓を移転し、吉水の北の辺に廟堂を建て御影像（御真影）を安置しました。

親鸞聖人より伝えられた浄土真宗のみ教えはいよいよ興隆し、親鸞聖人のお言葉が流布することは、ご在世の当時よりもますます盛んとなりました。門弟らが諸所に伝道されたおかげによって、その教えは全国にひろまり、報謝の誠を尽くそうと、たくさんの門信徒方が廟堂に参拝されるようになりました。

【原文】

文永九年冬のころ、東山西の麓、鳥部野の北、大谷の墳墓をあらためて、おなじき麓よりなほ西、吉水の北の辺に遺骨を掘り渡して仏閣を立て、影像を安ず。この時に当りて、聖人（親鸞）相伝の宗義いよいよ興じ、遺訓ますます盛りなること、すこぶる在世のむ

かしに超えたり。すべて門葉国郡に充満し、末流処々に遍布して、幾千万といふことをしらず。その稟教を重くしてかの報謝を抽んづる輩、緇素老少、面々に歩みを運んで年々廟堂に詣す。おほよそ聖人在生のあひだ、奇特これおほしといへども、羅縷に遑あらず。しかしながらこれを略するところなり。

建立された大谷廟堂の様子が描かれている。

大谷廟堂の図

①親鸞聖人御影像（御真影）
②廟堂
③正門
④覚如上人
⑤白梅
⑥紅梅
⑦回廊

奥書

奥書にいはく

　右縁起図画の志、ひとへに知恩報徳のためにして戯論狂言のためにせず。あまつさへまた紫毫を染めて翰林を拾ふ。その体もつとも拙し、その詞これいやし。冥に付け顕に付け、痛みあり恥あり。しかりといへども、ただ後見賢者の取捨を憑みて、当時愚案の紕謬を顧みることなしならくのみ。

　時に永仁第三の暦、応鐘中旬第二天、晡時に至りて草書の篇を終へをはりぬ。

画工　法眼浄賀　号康楽寺

　暦応二歳己卯四月二十四日、ある本をもつてにはかにこれを書写したてまつる。先年愚筆の後、一本所持の処、世上に闘乱のあひだ炎上の刻、焼失し行方知らず。しかるにいま慮らず荒本を得て記し、これを留むるものなり。

　康永二載　癸未十一月二日筆を染めをはりぬ。

桑門　釈宗昭

画工　大法師宗舜　康楽寺弟子

【要旨】

奥書①

　本絵巻は、知恩報徳のために記したものであり、言葉や議論をもてあそぶためではありません。しかしながら、その体裁は不完全で文体も明快ではありませんので、後世、知識ある方によって訂正していただくことを期待し、誤りを気にせずあえて公開いたします。

　永仁三（一二九五）年十月十二日、草稿が仕上がりました。画工は法眼康楽寺浄賀。

奥書②

　暦応二（一三三九）年四月二十四日、先年戦火によって大谷廟堂が炎上した際原本を焼失しましたが、写本を入手しましたので、これを書き写しました。

奥書③

　康永二（一三四三）年十一月二日、筆を擱きます。僧釈宗昭。画工は康楽寺の弟子、大法師㊺宗舜。

附録

「御絵伝」関連人名解説

「御絵伝」と『御伝鈔』の概略

①**覚如上人**（1270-1351）覚信尼の孫で、覚恵上人の長男。本願寺第三代宗主。「親鸞伝絵」の作者。正安四（一三〇二）年、覚恵上人から留守職の譲状を受けるも、唯善との対立が生じ、延慶三（一三一〇）年、門徒たちの信任を得て留守職に就任した。観応二（一三五一）年、八十二歳で示寂。

②**存如上人**（1396-1457）本願寺第七代宗主。「三帖和讃」など数多くの聖教を各地の門弟に授け、「正信偈」を『教行信証』から抄出するなどして、その普及を図った。また、北陸での本願寺教団が発展する基礎を築き、御影堂・阿弥陀堂の両堂形式を整備した。

③**蓮如上人**（1415-1499）本願寺第八代宗主。たくさんの六字名号を書いて授与し、『御文章』（お手紙）の製作や「正信偈和讃」の開版などによって、革新的な伝道を行い、今日の本願寺教団の基礎を築いたため、中興の祖と仰がれている。

④**慶証寺玄智**（1734-1794）江戸時代中・後期の本願寺派の学僧。真宗史や故事に詳しく、『考信録』『三経字音考』『大谷本願寺通紀』『教行信証光融録』の著書がある。

⑤**徳力善雪**（1599-1680）江戸時代前期の画家で、本願寺絵所・徳力家の第三代。代表作に本願寺御影堂の障壁画や「親鸞聖人御絵伝」（八幅）がある。

出家学道（一）

⑥**藤原鎌足**（614-669）藤原氏の祖。鎌子ともいう。大化元（六四五）年、中大兄皇子（天智天皇）と謀り、蘇我本宗家を倒した。内臣となって大化の改新の政治に参画し、数々の改革を行った。

⑦**日野有範**　親鸞聖人の父。藤原氏の流れを汲む公家で、皇太后宮大進などを務めたが、その後、出家して山城国三室戸（現在の京都府宇治市）に隠棲した。親鸞聖人の幼少期に没したといわれているが、疑問視する説が有力である。

⑧**慈円僧都**（1155-1225）藤原忠通（法性寺殿）の子で九条兼実（月輪殿）の弟。没後に慈鎮和尚とも呼ばれる。天台座主に就くこと四回に及ぶ。著書に『愚管抄』七巻などがある。

⑨**日野範綱**　親鸞聖人の伯父。後白河上皇に仕え、式部大輔、兵庫頭、若狭守を歴任。また、弟・有範が隠棲後は、その子の親鸞聖人、兼有・行兼を養育した。

出家学道（二）

⑩**源信和尚**（942-1017）恵心僧都とも称する。天台教学を究めたが名声を嫌い比叡山横川に隠棲する。多くの著作のなかで、浄土教関係では『往生要集』三巻や『阿弥陀経略記』などがある。真宗七高僧の第六祖。

吉水入室

⑪**法然聖人**（1133-1212）浄土宗の開祖で法然房源空と称する。九歳のとき、父・漆間時国の不慮の死をきっかけに出家し、比叡山に上った後、承安五（一一七五）年、善導大師の『観経疏』の文によって専修念仏に帰依した。その後、京都東山吉水で念仏の教えを弘め、『選択本願念仏集』を著した。真宗七高僧の第七祖。

⑫**勢観房源智**（1183-1238）法然聖人の弟子。浄土宗紫野門徒の祖。法然聖人に十八年間常随し、「一枚起請文」を授けられた。『歎異抄』後序にもその名が記されている。

⑬**善恵房証空**（1177-1247） 法然聖人の弟子で、浄土宗西山派の派祖。『選択集』の撰述にあたり勘文の役を務め、「七箇条起請文」の四番目に署名するなど、法然門下の重要な地位にあった。『口伝鈔』第十四条にも、体失往生・不体失往生について親鸞聖人と議論したことが記されている。

六角夢想

⑭**聖徳太子**（574-622） 本名は厩戸皇子。上宮太子とも称される。法隆寺・四天王寺等の寺院を建立し、『法華経』『勝鬘経』『維摩経』の義疏（三経義疏）を製作したと伝えられ、仏教の興隆に尽力した。また、推古天皇の摂政として冠位十二階・「憲法十七条」を制定した。親鸞聖人は、観世音菩薩の化身として聖徳太子を崇め、数々の和讃を作られた。

〈み教えとともに①〉生涯を決めた夢告

⑮**真仏**（1209-1258） 親鸞聖人の門弟。下野国（現在の栃木県）高田の住。高田専修寺の開創者。親鸞聖人帰洛後の関東で性信房とともに指導的立場を担い、たびたび書状を交わした。康元元（一二五六）年には、顕智、専信房とともに上洛した。

⑯**恵信尼**（1182-） 親鸞聖人の妻で三善為則（為教）の娘。聖人とは京都で結婚し、越後や関東移住にも同行したが、晩年は越後国で暮らした。末娘の覚信尼に書き送った『恵信尼消息』が現存する。

蓮位夢想

⑰**蓮位房**（-1278） 親鸞聖人の門弟。常陸国（現在の茨城県）下妻の人。京都に移住して晩年の親鸞聖人に侍し、聖人と関東の門弟たちとの往復書簡の取り次ぎを務めた。『口伝鈔』第十三条にも『御伝鈔』と同じ話が載せられている。

選択付属

⑱**九条兼実**（1149-1207） 平安時代末期から鎌倉前期の政治家。源頼朝の援助を受けるなかで摂政・関白に就任し、朝廷政治の復興を図る。法然聖人に帰依し、『選択集』の執筆は兼実の請いによるものであるといわれ、承元の法難の際にも法然聖人を庇護した。

〈み教えとともに②〉門弟によって伝えられた御影

⑲**康楽寺浄賀**（-1356） 康楽寺流の絵師。永仁三（一二九五）年、「親鸞伝絵」の初稿本である「善信聖人絵」を描いた。一説に、正平十一（延文元・一三五六）年八十二歳で没したという。なお、浄賀は西仏房開基の信濃康楽寺第二代との説や、康楽寺は京都神楽岡（現在の京都市左京区）にあった天台寺院であるといった説がある。

信行両座

⑳**聖覚法印**（1167-1235） 天台宗の僧であり法然聖人の門弟。安居院流の唱導（説教）師として安居院法印聖覚と呼ばれた。『唯信鈔』を著し、専修念仏の弘通に努めた。

㉑**法蓮房信空**（1146-1228） 法蓮房称弁のこと。はじめ比叡山の叡空に師事し、その没後、法然聖人の下で専修念仏に帰依した。その門流を浄土宗白川門徒という。

㉒**法力房蓮生**（1141-1208） 俗名は熊谷次郎直実。源頼朝に仕えて治承・寿永の乱で多くの武功を挙げたが、出家して法然聖人の門に入った。寿永三（一一八四）年、一谷の合戦で年少の平敦盛を討ち無常をさとったという逸話がある。

信心諍論

㉓**正信房湛空**（1176-1253） 法然聖人の門弟。はじめ比叡山の実全に師事し

たが、のち法然聖人の門に入り、京都嵯峨の二尊院に住した。その門流は浄土宗嵯峨門徒と呼ばれる。

㉔**念仏房** 念阿弥陀仏のこと。比叡山の僧であったが、法然聖人に帰依し、晩年は京都嵯峨の往生院（現在の祇王寺）に住した。『歎異抄』後序にもその名が見られる。

〈み教えとともに③〉おう盛な執筆活動

㉕**唯円**（-1288） 親鸞聖人の門弟で、常陸国河和田（現在の水戸市）の住。もとは北条平次郎といい、大部の平太郎（真仏）の弟であるともいわれる。『歎異抄』の著者と推定され、覚恵上人・覚如上人父子に真宗の教えを伝えたことでも知られる。

入西鑑察

㉖**入西房** 親鸞聖人の門弟で、常陸国の住。『親鸞聖人御消息』第四十三通にもその名が見える。一説には常陸国大門（現在の茨城県常陸太田市）在住の道円（1186-1245）のこととされる。

㉗**定禅法橋** 鎌倉時代の絵師。鏡御影の作者である専阿弥陀仏と同一人物であるという説もあるが不明。

師資遷謫 一

㉘**藤原親経**（1151-1210） 九条兼実の家司となり、後鳥羽・土御門両天皇の文章博士として侍読し、儒者としても活躍した。覚如上人の『拾遺古徳伝』には、親鸞聖人の罪科が死罪から遠流に定まることに大きな役割を果たした人物として記されている。

㉙**住蓮房**（-1207） 法然聖人の門弟。安楽房（-1207）とともに『六時礼讃』を修して多くの帰依者を得た。承元の法難の際死罪となったことが、『歎異抄』の末尾に記録として記されている。

師資遷謫 

㉚**後鳥羽院**（1180-1239） 後鳥羽天皇（1183-1193在位）のこと。承元の法難の中心人物で、法然聖人などを処罰した。承久の乱を起こしたが失敗し、隠岐国（現在の島根県隠岐諸島）に流された。

㉛**土御門院**（1195-1231） 土御門天皇（1198-1210在位）のことで、後鳥羽院の第一皇子。

師資遷謫 

㉜**随蓮沙弥**（-1214） 後白河院の北面の武士であったが二十五歳のときに法然聖人に帰依し、承元の法難に際しても讃岐国まで法然聖人に随行したとされる。

師資遷謫 四

㉝**佐渡院**（1197-1242） 順徳天皇（1210-1221在位）のこと。後鳥羽院の第三皇子。後鳥羽院政下にあって、実際に政治を執ることはなく、承久の乱で佐渡に流された。

㉞**岡崎中納言範光** 式部少輔三位範兼の子息。承元元（一二〇七）年に出家しており、歴史的には親鸞聖人の赦免官は藤原光親と考えられる。

㉟**西仏房**（1157-1241） 親鸞聖人の門弟。信濃国海野（現在の長野市）の住。南都興福寺の学侶となり西乗房信救と称して木曾義仲に仕え、比叡山に上り慈円僧都の門下となった。その後、親鸞聖人の後を追って法然聖人に帰依し、西仏の名を与えられたとされる。弟は「親鸞伝絵」の絵師である康楽寺浄賀であるともいわれている。

㊱**性信房**（1187-1275） 親鸞聖人の門弟。下総国飯沼（現在の茨城県常総市）の住で、横曽根門徒の中心人物。法然聖人に従い、その命により親鸞聖人に師事したとされる。親鸞聖人の越後流罪、関東移住に従い、聖人帰洛に際しては関東の後事を託されたといわれる。『親鸞聖人御消息』第八

通・第二十五通にも登場する。

弁円済度

㊲**弁円**（-1251）　親鸞聖人の門弟。常陸国（現在の茨城県）北郡の住。もと山臥（山伏）で親鸞聖人を害しようとしたが、稲田草庵で聖人と面会し、かえって弟子となり明法房と号した。『親鸞聖人御消息』第四通には、明法房の往生について聖人の感慨が記されている。弁円という通称は江戸時代以降の伝承による可能性が高い。

箱根霊告

㊳**顕智**（1226-1310）　真宗高田派専修寺第三代。親鸞聖人帰洛後は下野国（現在の栃木県）と京都を往復し、聖人の往生にも立ち会った門弟の一人。大谷廟堂造営維持にも尽力し、さらには高田派の基礎を築くなど、初期真宗教団の形成に重要な役割を担った。

㊴**専信房**　親鸞聖人の門弟で関東六老僧の一人。専信房専海といい、顕智とともに真仏の弟子となる。下野国高田（現在の栃木県真岡市高田）の住であったが、遠江国池田（現在の静岡県浜松市）に移住して教化に努めた。建長七（一二五五）年には『教行信証』を書写しており、その関係から「安城御影」との関連も指摘されている。

㊵**西念房**　親鸞聖人の門弟。父の死を契機に越後国国府（現在の新潟県上越市）の五智如来に参籠して夢告を受け、親鸞聖人の弟子となったといわれる。聖人に従って関東に入り、西念寺等を開いたとされる。

㊶**平太郎**　親鸞聖人の門弟。『親鸞聖人御消息』第三十三通の「おほぶ（大部）の中太郎」と同一人物といわれる。熊野権現の霊告の後、出家して真仏と名のり、真仏寺（茨城県水戸市）を開いたといわれる。

熊野霊告

㊷**佐竹刑部左衛門末方**　末賢とも書く。佐竹氏は中世を通じて常陸国で勢力を振るった豪族で、熊野御師（祈祷僧）の檀那になっていたため、たびたびその一族が熊野に参詣していたとされる。

洛陽遷化 

㊸**益方入道**　親鸞聖人の第五子。有房・益方大夫入道と号し、恵信尼とともに越後に住んだが、上洛して親鸞聖人の往生に侍したことが、『恵信尼消息』第一通に記されている。

㊹**尋有**　親鸞聖人の弟で日野有範の第二子。比叡山で出家し善法院僧都と号した。「親鸞聖人門侶交名牒」にも洛中の弟子としてその名が見える。親鸞聖人がご往生された善法坊は京都にあった尋有の坊舎で、本願寺派では江戸時代、現在の角坊の地であると考証したが、京都市中京区柳馬場御池上ル虎石町付近とする説もある。

奥書

㊺**宗舜**　康楽寺浄賀と同じく本願寺と深い関わりを持っていた康楽寺流の絵師。一説には宗舜は浄賀の子であり、円寂は孫であるとされる。

年号	西暦	宗祖年齢	月日	事項
建長四	一二五二	八〇	2・24	常陸の門弟に、明法の往生について記した書状を書く。
			3・4	『浄土文類聚鈔』『入出二門偈』を著す。
六	一二五四	八二	○	恵信尼、すでに越後に移住する。
七	一二五五	八三	6・2	『尊号真像銘文』（建長本）を著す。
			8・6	『浄土三経往生文類』（略本）を著す。
			11・晦	『皇太子聖徳奉讃』七十五首を著す。
			12・10	火災に遭い、善法坊へ移住する。
			12・15	真仏に書状を書く。
			○	法眼朝円、宗祖影像（安城御影）を描く。
康元元	一二五六	八四	2・9	**蓮位、聖徳太子が宗祖を阿弥陀仏の化身として礼する夢想を得る。** 〈蓮位夢想〉
			5・29	善鸞を義絶。同日、その旨を性信に報じる。
			11・29	『往相回向還相回向文類（如来二種回向文）』を著す。
正嘉元	一二五七	八五	2・17	『一念多念文意』を著す。
			2・30	『大日本粟散王聖徳太子奉讃』百十四首を著す。
二	一二五八	八六	9・24	『正像末和讃』を著す。

通・第二十五通にも登場する。

弁円済度

㊲**弁円**（-1251） 親鸞聖人の門弟。常陸国（現在の茨城県）北郡の住。もと山臥（山伏）で親鸞聖人を害しようとしたが、稲田草庵で聖人と面会し、かえって弟子となり明法房と号した。『親鸞聖人御消息』第四通には、明法房の往生について聖人の感慨が記されている。弁円という通称は江戸時代以降の伝承による可能性が高い。

箱根霊告

㊳**顕智**（1226-1310） 真宗高田派専修寺第三代。親鸞聖人帰洛後は下野国（現在の栃木県）と京都を往復し、聖人の往生にも立ち会った門弟の一人。大谷廟堂造営維持にも尽力し、さらには高田派の基礎を築くなど、初期真宗教団の形成に重要な役割を担った。

㊴**専信房** 親鸞聖人の門弟で関東六老僧の一人。専信房専海といい、顕智とともに真仏の弟子となる。下野国高田（現在の栃木県真岡市高田）の住であったが、遠江国池田（現在の静岡県浜松市）に移住して教化に努めた。建長七（一二五五）年には『教行信証』を書写しており、その関係から「安城御影」との関連も指摘されている。

㊵**西念房** 親鸞聖人の門弟。父の死を契機に越後国国府（現在の新潟県上越市）の五智如来に参籠して夢告を受け、親鸞聖人の弟子となったといわれる。聖人に従って関東に入り、西念寺等を開いたとされる。

㊶**平太郎** 親鸞聖人の門弟。『親鸞聖人御消息』第三十三通の「おほぶ（大部）の中太郎」と同一人物といわれる。熊野権現の霊告の後、出家して真仏と名のり、真仏寺（茨城県水戸市）を開いたといわれる。

熊野霊告

㊷**佐竹刑部左衛門末方** 末賢とも書く。佐竹氏は中世を通じて常陸国で勢力を振るった豪族で、熊野御師（祈祷僧）の檀那になっていたため、たびたびその一族が熊野に参詣していたとされる。

洛陽遷化 

㊸**益方入道** 親鸞聖人の第五子。有房・益方大夫入道と号し、恵信尼とともに越後に住んだが、上洛して親鸞聖人の往生に侍したことが、『恵信尼消息』第一通に記されている。

㊹**尋有** 親鸞聖人の弟で日野有範の第二子。比叡山で出家し善法院僧都と号した。「親鸞聖人門侶交名牒」にも洛中の弟子としてその名が見える。親鸞聖人がご往生された善法坊は京都にあった尋有の坊舎で、本願寺派では江戸時代、現在の角坊の地であると考証したが、京都市中京区柳馬場御池上ル虎石町付近とする説もある。

奥書

㊺**宗舜** 康楽寺浄賀と同じく本願寺と深い関わりを持っていた康楽寺流の絵師。一説には宗舜は浄賀の子であり、円寂は孫であるとされる。

「御絵伝」関連年表

※月日の項、○印は不詳であることを表す。

年号	西暦	宗祖年齢	月日	事項
承安三	一一七三	一	○	日野有範の子として誕生。
養和元	一一八一	九	春	**慈円の坊舎で出家得度、範宴と号する。** 〈出家学道〉
寿永元	一一八二	一〇	○	恵信尼誕生。
建久九	一一九八	二六	○	法然房源空、『選択集』を著す。
建仁元	一二〇一	二九	○	**比叡山を下り、六角堂に参籠。救世観音の夢告により、法然の門に入って専修念仏に帰す。** 〈吉水入室〉〈六角夢想〉
元久元	一二〇四	三二	11・―	法然、専修念仏弾圧に対し誓文を山門に送り、門弟に七箇条制誡を示す。
			11・8	七箇条制誡に「僧綽空」と連署。
二	一二〇五	三三	4・14	**法然から『選択集』を付属され、同日、法然の影像を図画する。**
			閏（うるう）7・29	**図画した影像に法然が讃を書く。同日、綽空の名を改める。** 〈選択付属〉
			10・―	興福寺学徒、専修念仏について九失をあげて停止を訴える（興福寺奏状）。 これ以前〈信行両座〉〈信心諍論〉
承元元	一二〇七	三五	2上旬	**専修念仏停止により越後国国府に流罪となる。**
				法然は土佐（実際は讃岐）、門弟五人も配流、また西意・性願・住蓮・安楽は死罪となる（承元の法難）。

建暦元	一二一一	三九	11・17	**流罪を赦免される。**	**〈師資遷謫〉**
二	一二一二	四〇	1・23	法然、源智に『一枚起請文』を授ける。	
			1・25	法然示寂（八〇歳）。	
建保二	一二一四	四二	○	上野佐貫で「浄土三部経」の千部読誦を発願。やがて中止して常陸に赴く。	
			○	**この頃、弁円（明法）弟子となる。**	**〈弁円済度〉これ以前〈稲田興法〉**
元仁元	一二二四	五二	8・5	延暦寺衆徒の訴えにより専修念仏停止。	
			○	『教行信証』に仏滅年代算定基準としてこの年をあげる（『教行信証』の執筆開始）。	
安貞元	一二二七	五五	6・24	延暦寺衆徒、大谷の法然の墳墓を破却する（嘉禄の法難）。	
			6・―	隆寛・幸西・空阿を遠流に処し、ついで専修念仏を停止する。	
寛喜三	一二三一	五九	4・4	病臥の夢中に建保二年の「浄土三部経」千部読誦の発願と中止を想い、反省。	
貞永元	一二三二、三	六〇	○	**この頃、帰洛。帰洛後、しばらく五条西洞院に居住。**	**〈箱根霊告〉**
			○	**この頃、平太郎、上洛。熊野参詣について尋ねる。**	**〈熊野霊告〉**
仁治三	一二四二	七〇	9・21	**定禅法橋、入西の求めにより宗祖の影像を描く。**	**〈入西鑑察〉**
宝治二	一二四八	七六	1・21	『浄土和讃』『浄土高僧和讃』を著す。	
建長二	一二五〇	七八	10・16	『唯信鈔文意』を著す。	
三	一二五一	七九	閏9・20	常陸の門弟に「有念無念の事」を書く。	

年号	西暦	宗祖年齢	月日	事項
建長四	一二五二	八〇	2・24	常陸の門弟に、明法の往生について記した書状を書く。
			3・4	『浄土文類聚鈔』『入出二門偈』を著す。
六	一二五四	八二	○	恵信尼、すでに越後に移住する。
七	一二五五	八三	6・2	『尊号真像銘文』（建長本）を著す。
			8・6	『浄土三経往生文類』（略本）を著す。
			11・晦	『皇太子聖徳奉讃』七十五首を著す。
			12・10	火災に遭い、善法坊へ移住する。
			12・15	真仏に書状を書く。
			○	法眼朝円、宗祖影像（安城御影）を描く。
康元元	一二五六	八四	2・9	**蓮位、聖徳太子が宗祖を阿弥陀仏の化身として礼する夢想を得る。** 〈蓮位夢想〉
			5・29	善鸞を義絶。同日、その旨を性信に報じる。
			11・29	『往相回向還相回向文類（如来二種回向文）』を著す。
正嘉元	一二五七	八五	2・17	『一念多念文意』を著す。
			2・30	『大日本粟散王聖徳太子奉讃』百十四首を著す。
二	一二五八	八六	9・24	『正像末和讃』を著す。

			12・14	顕智、三条富小路善法坊で宗祖から「獲得名号自然法爾」の法語を聞書する。	
弘長二	一二六二	九〇	11・28	**未刻（一説に午刻）、善法坊にてご往生、覚信尼、益方等これに侍す。**	
			11・29	**東山鳥部野にて荼毘する。**	
			11・30	**拾骨。**	〈洛陽遷化〉
			12・1	覚信尼、恵信尼に宗祖の訃報を伝える。	
三	一二六三		2・10	恵信尼、覚信尼に宗祖の回顧を伝える。	
文永五	一二六八		3・12	恵信尼（八七歳）、病により往生の近いことを覚信尼に伝える。	
七	一二七〇		12・28	覚如誕生。	
九	一二七二		冬	**宗祖の遺骨を吉水の北に移し、大谷廟堂を建立する。**	〈廟堂創立〉
永仁二	一二九四		○	宗祖三十三回忌。	
			○	覚如、『報恩講私記』を著す。	
三	一二九五		10・12	**覚如、『善信聖人絵』（親鸞伝絵）を著す。**	〈奥書①〉
			12・13	覚如、『善信聖人親鸞伝絵』（親鸞伝絵）を写す。	
暦応二	一三三九		4・24	**覚如、「親鸞伝絵」を写す。**	〈奥書②〉
康永二	一三四三		11・2	**覚如、『本願寺聖人伝絵』（親鸞伝絵）重修する。**	〈奥書③〉

親鸞聖人史蹟略図

国府別院
➡師資遷謫(P.44)
證誠寺
誠照寺
専照寺
毫摂寺
京都
錦織寺
専修寺
西念寺
➡稲田興法(P.46)
弁円済度(P.48)
築地本願寺
箱根神社
➡箱根霊告(P.50)

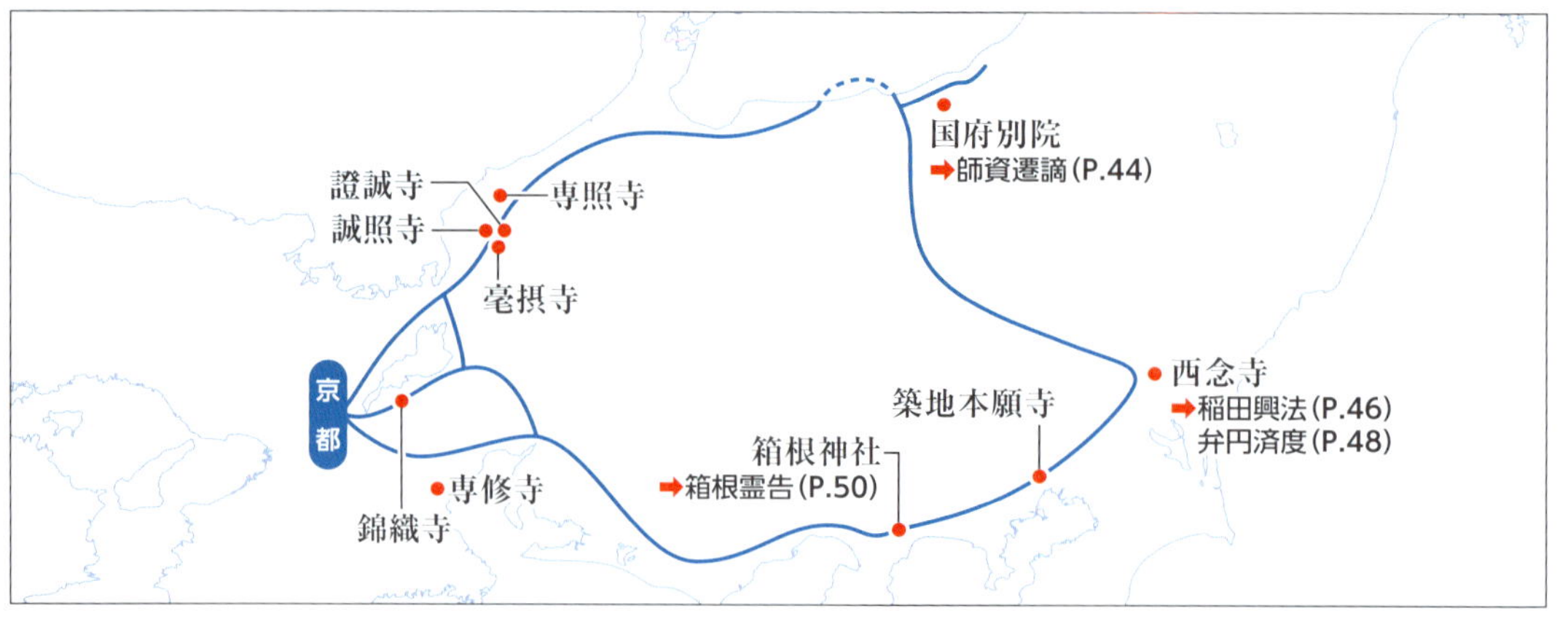

京都聖蹟略図

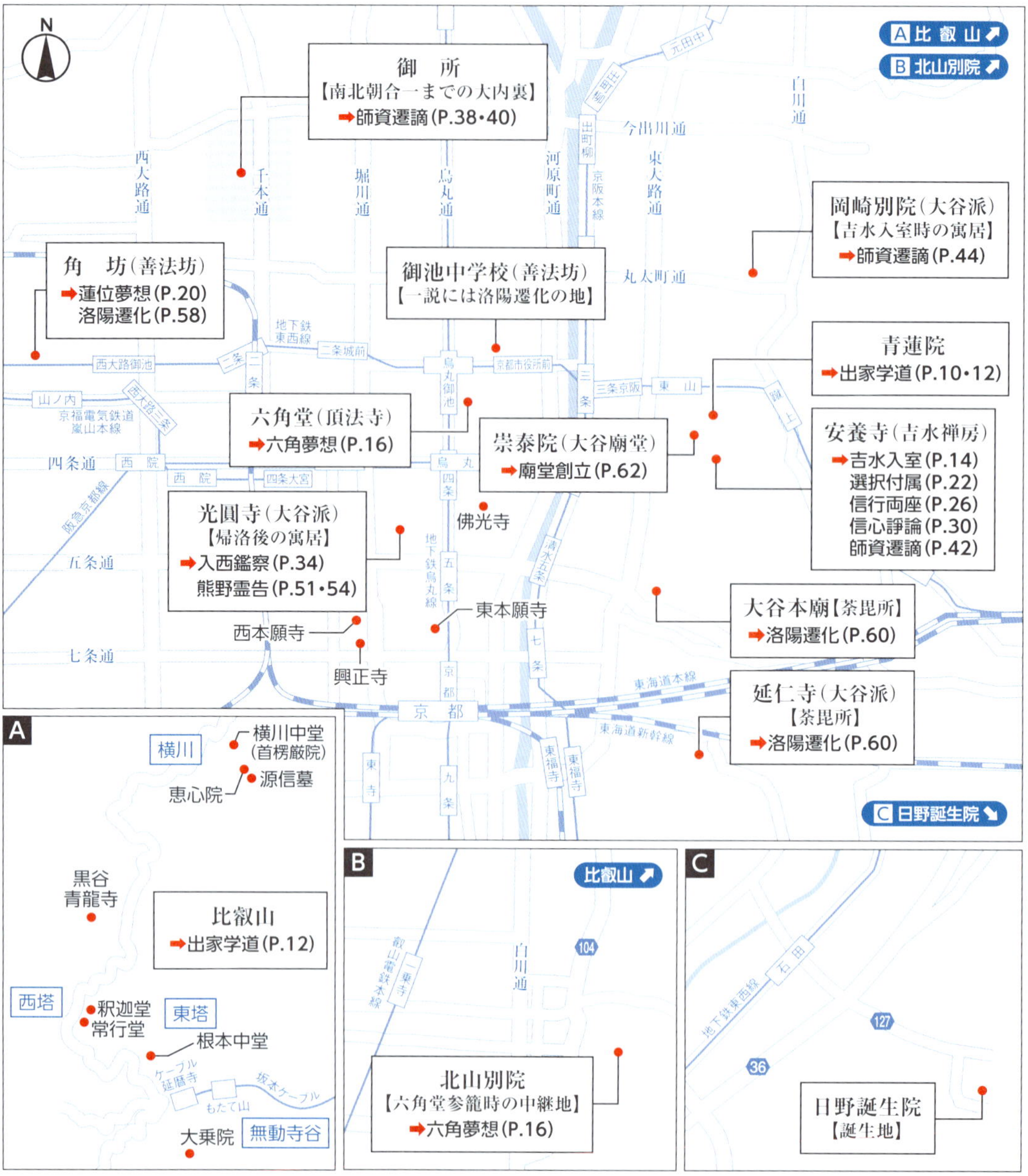

N
A 比叡山
B 北山別院
御所
【南北朝合一までの大内裏】
➡師資遷謫(P.38・40)
今出川通
白川通
西大路通
千本通
堀川通
烏丸通
河原町通
京阪本線
東大路通
丸太町通
岡崎別院(大谷派)
【吉水入室時の寓居】
➡師資遷謫(P.44)
角坊(善法坊)
➡蓮位夢想(P.20)
洛陽遷化(P.58)
御池中学校(善法坊)
【一説には洛陽遷化の地】
地下鉄東西線
青蓮院
➡出家学道(P.10・12)
六角堂(頂法寺)
➡六角夢想(P.16)
崇泰院(大谷廟堂)
➡廟堂創立(P.62)
安養寺(吉水禅房)
➡吉水入室(P.14)
選択付属(P.22)
信行両座(P.26)
信心諍論(P.30)
師資遷謫(P.42)
四条通
五条通
七条通
阪急京都線
京福電気鉄道嵐山本線
光圓寺(大谷派)
【帰洛後の寓居】
➡入西鑑察(P.34)
熊野霊告(P.51・54)
佛光寺
地下鉄烏丸線
西本願寺
東本願寺
興正寺
大谷本廟【荼毘所】
➡洛陽遷化(P.60)
東海道本線
京都
東海道新幹線
延仁寺(大谷派)
【荼毘所】
➡洛陽遷化(P.60)
C 日野誕生院
A
横川
横川中堂
(首楞厳院)
源信墓
恵心院
黒谷
青龍寺
比叡山
➡出家学道(P.12)
西塔
釈迦堂
常行堂
東塔
根本中堂
ケーブル延暦寺
坂本ケーブル
もたて山
大乗院
無動寺谷
B
比叡山
叡山電鉄本線
一乗寺
白川通
104
北山別院
【六角堂参籠時の中継地】
➡六角夢想(P.16)
C
地下鉄東西線
石田
127
36
日野誕生院
【誕生地】

「御絵伝」(八幅)の概要

［本願寺蔵］

御伝鈔 上巻

第二幅

第四段

第三段

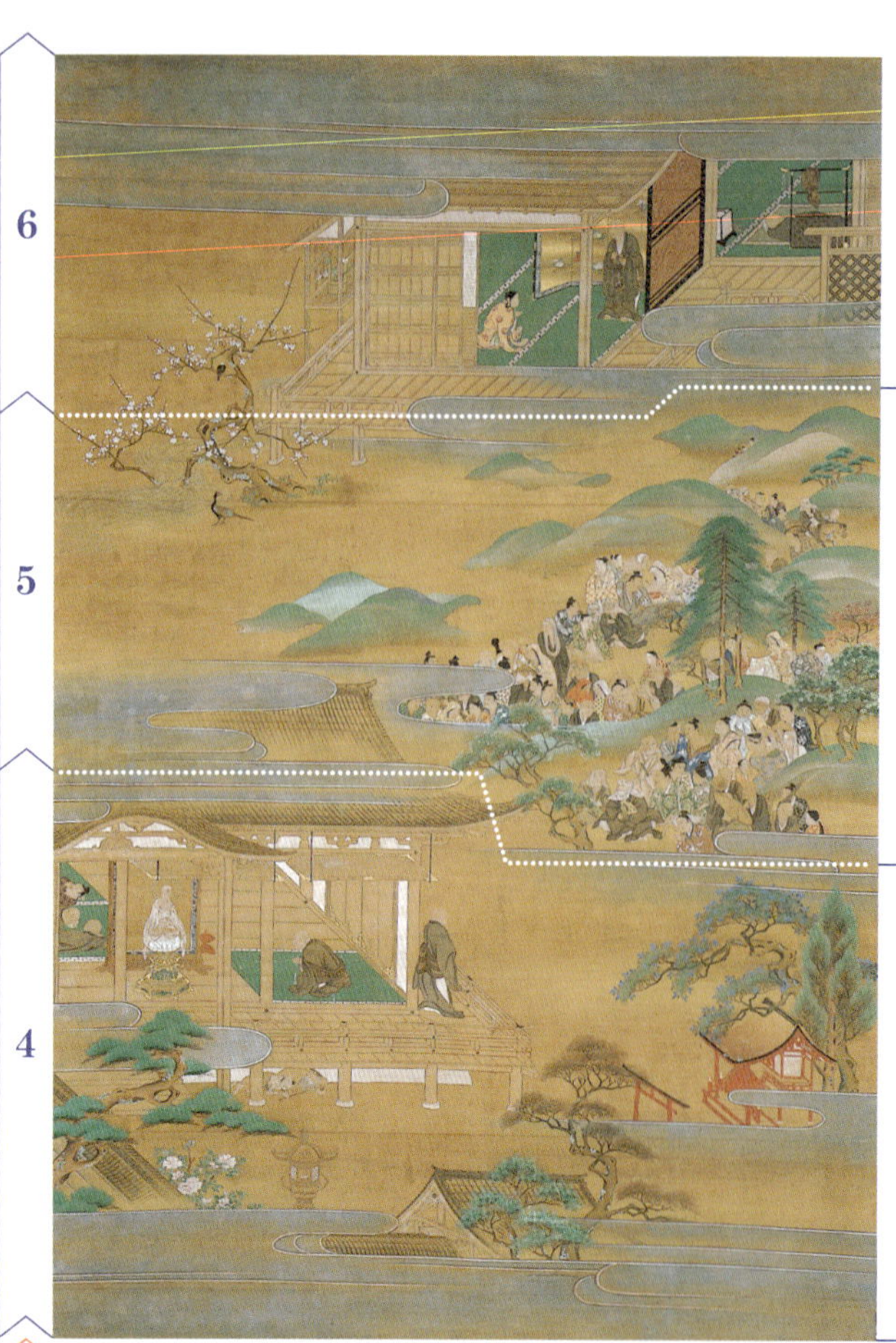

6

第三図 蓮位夢想
— 蓮位房・夢想感得 —

5

第二図 六角夢想（二）
— 京都六角堂（頂法寺）・夢想 —

4

第一図 六角夢想（一）
— 京都六角堂（頂法寺）・夢想 —

第一幅

第二段

第一段

3

第三図 吉水入室
— 吉水・法然門下入門 —

2

第二図 出家学道（二）
— 慈円僧都の住坊・お得度 —

1

第一図 出家学道（一）
— 慈円僧都の住坊・中門内外 —

御伝鈔　上巻

第四幅

11

第八段

第二図　入西鑑察
— 五条西洞院・定禅夢想 —

（場面転換）

10

第七段

第一図　信心諍論
— 吉水・信心一異諍論 —

第三幅

9

第六段

第三図　信行両座
— 吉水・信行両座分判 —

8

第二図　選択付属㊁
— 吉水・『選択集』の付属と
法然聖人真影の図画 —

7

第五段

第一図　選択付属㊀
— 吉水・『選択集』の付属と
法然聖人真影の図画 —

御伝鈔 下巻

第六幅

17 第三図 **弁円済度**
— 稲田の草庵・弁円帰依 —
第三段

16 第二図 **稲田興法**
— 稲田の草庵・ご教化 —
第二段

15 第一図 **師資遷謫** 四
— 親鸞聖人配流 —
第一段

第五幅

14 第三図 **師資遷謫** 三
— 吉水・法然聖人配流 —

13 第二図 **師資遷謫** 二
— 御所清涼殿・
公卿罪科僉議 —

12 第一図 **師資遷謫** 一
— 専修念仏停止 —
第一段

御伝鈔　下巻

第八幅

第七段

23 第三図　**廟堂創立**
— 東山・大谷廟堂 —

第六段

22 第二図　**洛陽遷化（二）**
— 延仁寺・荼毘 —

21 第一図　**洛陽遷化（一）**
— 善法坊（角坊）・ご往生 —

第七幅

第五段

20 第三図　**熊野霊告（二）**
— 熊野権現・平太郎夢告 —

19 第二図　**熊野霊告（一）**
— 熊野権現・平太郎夢告 —

第四段

18 第一図　**箱根霊告**
— 箱根権現・神官歓待 —

【参考文献一覧】

浄土真宗本願寺派総合研究所編纂『浄土真宗聖典（註釈版）第二版』（本願寺出版社刊）二〇〇四年

信仰の造形的表現研究委員会編『真宗重宝聚英』第五巻・親鸞聖人伝絵（同朋舎メディアプラン刊）一九九九年

梅原真隆編『御伝鈔の研究』（永田文昌堂刊）一九六七年

藤原教圓著『御伝鈔入門』（百華苑刊）一九六八年

高松信英著『親鸞聖人伝絵―御伝鈔に学ぶ―』（真宗大谷派宗務所出版部刊）一九八七年

平松令三著『聖典セミナー　親鸞聖人絵伝』（本願寺出版社刊）一九九七年

浄土真宗本願寺派総合研究所編纂『浄土真宗辞典』（本願寺出版社刊）二〇一三年

【監修】

岡村　喜史（おかむら　よしじ）

本願寺史料研究所上級研究員・中央仏教学院講師・武蔵野大学講師。

専門分野は真宗史。編著書に、『西本願寺への誘い』『日本史のなかの親鸞聖人―歴史と信仰のはざまで―』（本願寺出版社）、『蓮如　畿内・東海を行く』（国書刊行会）、『誰も書かなかった親鸞』（共著）（法藏館）など。

絵物語 親鸞聖人御絵伝
―絵で見るご生涯とご事蹟―

二〇一五年十一月一日　第一刷発行
二〇二四年 三 月二十日　第六刷発行

監　修　岡村喜史
編　集　本願寺出版社
発　行　本願寺出版社
〒六〇〇-八五〇一
京都市下京区堀川通花屋町下ル
浄土真宗本願寺派（西本願寺）
電　話　〇七五-三七一-四一七一
ＦＡＸ　〇七五-三四一-七七五三
【本願寺出版社ホームページ】
https://hongwanji-shuppan.com/

印　刷　株式会社図書印刷同朋舎

ISBN978-4-89416-066-8 C-3015
BD02-SH6-①30-42